명석한 두뇌관리로
천재가 되어진다.

糸川英夫 지음
엄기환 엮음

太乙出版社

머 리 말

전날, 한 텔리비전 프로그램을 보았더니, 외국인 유학생에 의한, 우리나라말 연설 대회라는 것이 있어 미국에서 온 유학생(본인은 미국의 고교 교사인지 무언지였었지만)의 '미국의 학교는 천재와 많은 문맹(文盲)을 만들고 일본의 학교는 대부분의 평균적 인간을 만들어 낸다'라는 연설이 있었다.

실로 지당한 말이고, 미국에는 노벨상급의 두뇌가 흔하게 있는 동시에 자신의 이름도 쓸 수 없는 문맹인도 있다.

하지만 이제부터 필요한 것은 평균적 인간이 아니라 '전체적 인간'이라고 나는 늘상 생각하고 있다.

흉내나 학습력이 강한 정도가 아니라 학습한 것을 뛰어 넘어 '창조성'의 세계로 뛰어들 수 있는 사람을 원한다. 흉내, 학습력만으로는 미국 시장으로부터 벗어날 수 없다.

우리나라에서 '천재'를 만드는 것은 지금으로서는 대단히 어렵다. 이질(異質)의 존재를 허락하지 않는 문화의 특성이 그것을 어렵게 한다.

그래도 '평균치를 뛰어 넘은 지능'을 가진 사람이 한 명이라도 많아지길 바라고, 그것을 비평할 수 있는 자가 한 사람이라도 많아지기를 바란다.

'머리를 좋게 하는 방법'의 한 기본은 '머리 좋은 사람'을 평가하는 문화이다.

　이 책 안에도 일부 그 항이 있는데, 어느 쪽인가 하면 '평가를 받을 만큼 머리 좋은 사람'이 되기 위한 노하우로 기울어 버렸다. 저자로서는 이 책을 읽어주시는 분들이 '자신의 머리를 좋게 하고 싶다'고 하는 소망에서 한 걸음 더 나아가 '머리 좋은 사람에게 탈모(脫帽)해 평가될 수 있는 사람'이 되는 것이 더 중요한 것이 아닌가 하고 생각하는 것이다.

　이 책의 초장(初場)에서 논하고 있듯이 '머리가 좋다'라는 것의 정의는 그리 간단한 것은 아니다.

　따라서 이런 복잡한 테마를 한 권의 책으로 해결할 수 있다고는 생각하지 않는다. 그러나 이것도 산을 이루는 돌의 하나는 될 것이다.

　현명한 독자 여러분이 이 책 속에서 도움을 알아차려 준다면 저자로서는 더 이상 바랄 것이 없다.

차 례

5장─디센터 사고로 '뇌력' 풀 회전
● 사고법을 바꾸는 것만으로 유연한 두뇌가 생겨난다

18

6장-역경의 발상이 경이적인 힘을 발휘한다
● 머리의 좋고 나쁨은 여기에 차이가 있다!

1
당신의 머리는
더욱더 좋아진다

● 두뇌를 최고로
움직이게 하는 비결은?

'머리 좋은 인간'은
이렇게 해서 만들어진다!

'기억력=머리 좋음'은 아니다!

이 책을 쓰기 시작하는 데 즈음해서 나는 곤혹스러워 버린다.

'머리가 좋다'라고 하는 것은 어떤 것일까.

문득 생각이 떠오르는 대로 열거해 보면 우선 기억력이다. 무엇이나 잘 기억하고 있는 사람을 일반적으로는 머리가 좋은 사람이라고 한다. 이것에 관해 말하면 저자인 나는 이 책을 쓸 자격이 없다.

사실 나는 어렸을 때부터 현재에 이르기까지 그다지 기억력이 좋지 않다. 특히 사람 이름을 외우는 것이 대단히 골칫거리인 것이다.

예를 들면 강연 때 말의 중단으로 '이상적인 남성'에 대해 말하고 싶다는 생각이 문득 떠올랐다고 하자.

그런데, 이제부터가 큰일이다. 필경 스웨덴에서의 강연이라면 '바이킹'을 들면 설명이 되지만 우리나라에서의 대표적인 이미지를 갖는 인물은 어떠한 사람일까.

단기 기억력과 장기 기억력

기억이라는 것을 분해해 보면 장기(長期)와 단기(短期) 기억으로 나눌 수 있지만, 내 경우는 어쩐지 장기 기억능력에 빠져 있는 것 같다. 하루 정도는 기억하고 있을 수 있다. 하지만 암기 시험 때는 전날에 벼락 공부를 했다. 그러면 다음 날 시험까지는 확실하게 가지고 있기 때문에 전혀 기억 능력이 결여되어 있는 것도 아니다.

그러나 시험이 끝나면 전혀 아무 것도 기억하고 있지 않기 때문에 자랑은 아니라고 말해야 할지 모른다.

하지만 이런 장기적 암기 능력이 과연 인간에게 있어 필요한 것인지 어떤지 크게 의문스럽게 생각하고 있으므로 별로 신경쓰지 않아도 된다.

나의 친구 중에도 조금 전에 본 전화번호를 그대로 외우고 있는 사람이 있다.

7개의 번호가 메모도 하지 않고 술술 나온다. 더구나 지방에 가면 3개 정도 더해져서 10개가 되는데, 이것은 무리겠지라고 생각하고 보면 아주 태연해하므로 놀란다.

한편 15년 전의 일을 생생하고 면밀하게 기억하고 있는 친구도 있다. 몇년 몇월 며칠 몇시. 그렇다고 몇분, 몇 초까지는 가지 않지만, A라는 인물을 어느 곳에서 이런 말을 실없이 지껄였으며, 그 결과 B라는 사람에게 미움을 샀던 것을 완벽하게 기억하는 것이다.

이것도 인간의 기억에는 장기와 단기의 두 가지 종류가 있음을 증명하는 것인데 과연 어느 쪽이 머리가 좋은 것일까.

최근의 일로, 이스라엘에서 어딘가 남다른 데가 있는 아이들의 기억력 테스트가 실시되었다.

그 내용의 하나로 '아침밥을 먹는 습관과 기억의 관계'라는 것이
었다. 그것에 의하면 아침밥을 거르는 아이와 아침밥을 먹는 아이를
비교해 보면 아침밥을 거르는 아이는 단기의 기억은 좋지만 장기의
기억은 나빠진다던가 하는 이야기였다. 어쩌면 거꾸로인지도 모르
지만, 내가 말하고 싶은 것은 인간의 기억이란 역시 장기 기억과
단기 기억으로 나눌 수 있는 것이므로 시험을 눈 앞에 두고 있는
여러 학생들은 아침밥을 먹는 쪽이 좋은지 나쁜지 한번 실험해
보는 것도 좋을 것이다.

단, 단기가 좋아지면 장기 쪽이 나빠진다고 하므로 어느 쪽이
효과적인지 잘 생각해 볼 필요가 있다.

'IQ'로는 머리 좋음을 잴 수 없다!

시험 얘기를 하면, 머리가 좋다는 것으로 가장 일반적으로 쓰여지고 있는 것이 'IQ' 즉, 지능지수라는 것이 있다.

이것은 비네 시몬이라고 하는 프랑스의 심리학자가 꽤 오래 전에 말하기 시작한 지능 정도를 재는 방법이다.

현재도 국민학교 1학년이 되거나 혹은 유치원이나 보육원에 들어갈 때에 IQ검사가 실시되고는 있지만, 그 결과는 그다지 중요시되고 있지 않다.

그것도 이 방법은 어떤 그룹과 다른 한 그룹을 비교할 때에 참고 정도로 쓰여지고, 이것이 개인차로 되면 너무 지능이라는 말의 정의가 넓어져 버리므로 정도 있는 수치라고는 말할 수 없기 때문이다.

예를 들면, 우리나라와 미국에서 IQ테스트를 할 때, 이것을 우리말로 하는가 영어로 하는가에 따라서 벌써 차이가 있다. 또한 아주 똑같은 연령의 유럽 도시에 살고 있는 아이와 오스트레일리아의

산 속에 살고 있는 원주민 아이, 두 사람을 골라 IQ테스트를 한 것이 실제로 있다. 그 테스트 방법은 서로 관련있는 물건 2개를 쌍으로 해서 바꾸어 늘어놓는 것, 즉 만년필과 종이라든가, 책상과 의자를 같이 맞추게 하는 것이다. 이것이 2그룹이 있는데, 또 하나의 짝은 나무잎과 줄기, 꽃과 잎 같은 그룹이 있다.

이 두 그룹을 맞추는 것으로 테스트를 한 셈인데, 그 결과 확실하게 만년필과 종이 따위의 소위 도시 생활형의 그룹에 관해서는 오스트레일리아에 사는 원주민 아이는 속도가 늦다.

그러나 거꾸로 나무잎과 줄기 등, 모든 자연에 관련하는 것의 설문이 나오면 이것은 당연 후자쪽이 빨랐다.

즉, IQ라는 것은 일일이 상대의 생활환경을 생각하지 않으면 안되는 셈이므로, 머리 좋음=지능지수 라는 도식은 단순하게는 성립하지 않는다.

이러한 것 때문에 IQ라는 것을 국제적인 표준으로 사용하는 것에 대해 학자들 사이에서는 반대 의견이 많고, 일단 테스트는 하지만 실제로는 그다지 의미있는 것으로 되어 있지 않은 것이 실상이다.

만약 IQ가 신뢰성 있는 것이라고 하면 극단적인 이야기로 중학·고등학교·대학의 입학 시험, 게다가 각 기업의 입사 시험, 승진 시험부터 각종 국가 시험에 이르기까지 모두 IQ테스트로 하면 좋을 것이고, 그렇게 하면 머리 좋은 사람은 실수없이 제자리에 오르게 되어 더이상 바랄 것이 없게 된다. 하지만 실제로는 그렇게 되지 않는다.

만약 그렇게 된다면 등줄기가 오싹해지지만, 현시점에서 IQ라는 것은 그 정도의 권위를 갖고 있지 않다. 감사할만한 일일 것이다. 왜 처음부터 IQ라는 말을 끄집어 냈는가 하면 모든 '머리가 좋다'라는 것이 극히 애매모호한, 즉 확실하지 않다는 것을 설명하고 싶었기 때문이며, 앞으로 이 책 속에는 두번 다시 IQ라는 말은 나오지 않을 것이다.

'머리가 좋다'의 겉과 속

이야기를 더 확대해서 생각해 보아도 머리가 좋다는 것은 좋은 의미와 나쁜 의미로 쓰여지고 있다.

예를 들면 미국에서 스마트(Smart)라는 말이 있다. 우리나라에서 쓰여지면, 늘씬하고 볼품이 좋은 의미가 되지만, 미국에서는 그다지 칭찬하는 말로는 쓰여지고 있지 않다. 오히려 요령이 좋고, 교활하다는 의미로 쓰여지고 있다.

우리말에서도 요령이 좋다는 말은 칭찬하는 말이 아닌 것은 잘 알고 있는 대로이다.

즉, 동서 고금에 있어서 '머리가 좋다'고 해도 '머리가 좋고 인품이 나쁘다'로 되면 그것이 교활하다는 의미가 되고 또 이렇게 되면 전혀 칭찬하는 말은 되지 않는 것이다. 이것은 일상생활 속에서 쓰여질 때에도 똑같은데, "그녀석, 머리가 좋군."이라는 것은 의미가 거꾸로 되어 버린다. 예를 들면, 몇 년 전에 일어났던 한 은행 강도 사건에서도, 이같은 대도시의 한복판에서 백주에 누가 '설마'하고 생각하는 장소와 시각에서 그 강도는 만인의 의표를 찌르는 멋진 수법으로 은행을 턴 것을 보면, '꽤 머리가 좋군'이라고 생각없이 중얼거리는데, 이것은 물론 마음 속으로 칭찬하고 있는 말은 아니다.

'머리가 좋다'라는 것에는 긍정과 부정의 이면성(二面性)이 있고, 단순히 어느 한 면으로만 말할 수 없는 것을 지적하면서 이후는 솔직하게 말을 진행하고 싶다.

추리력, 예지능력 '머리 좋은 사람'의 조건?

단기적인 기억력과 장기적인 기억력이 좋다고 하는 것은 물론 머리 좋은 사람의 조건을 갖추고 있다고는 생각하지만, 우리들이 극히 보통으로 사용하는 것은 일에서든 놀이에서든 무엇에서나 좋지만, 어떤 일을 할 때, 사람이 몇 시간이나 걸려서 우회를 하지 않으면 안되는 것을 훌쩍 장해물 따위를 뛰어 넘어서 지름길을 만들어 버리는 경우의 인간을 그러하다고 생각한다. 간단히 말하면 합리적이라는 것인데, 이것은 콜롬부스의 알과 같은 것으로, 상당한 추리력, 즉 예지능력(豫知能力)이 없으면 할 수 없는 것이고, 그 점에서는 좋은 의미의 '스마트'한 사람을 '머리 좋다!!'하고 거듭 2개의 감탄부를 찍어 칭찬하는 것이라고 생각한다.

이 추리력, 예지 능력이라는 것은 여러 가지 현상을 머리 속으로 정리해서 어려운 말로 하면, 연역적(演繹的)으로 하나의 결론을 끌어내는 것으로서 이것은 거의 절대적으로 '머리 좋은 사람'으로 밖에 될 수 없다.

최근에는 A씨든, B씨든 간에 미래 예측이나 경제 예측이 뛰어난 사람이 우뢰와 같은 갈채를 받고, 더불어 자신을 선전하게 되면, 내 저서도 팔리고 게다가 이 책을 쓰게 된 것도 모두 이 능력이 뛰어나다고 평가되고 있기 때문이다. 이렇게 쓰다 보니 문득 떠오른 것인데, 나를 포함해서 이 세 사람은 전부 경제학부 출신이 아니라, 공학부(工學部)출신인 것은 정말 이상하고 우습다.

특별히 공학부 출신이 '머리가 좋다'고 말하고 싶었던 것은 아니지만, 학교시절을 생각해 보아도 수학을 잘 하는 아이는 국어는 못하고, 영어를 잘하면 수학은 못하고, 또 역사는 잘 하지만 물리는 못한다든가 여러 가지가 있는데, 이것은 감각계(感覺系)와 논리계(論理系)의 차이라는 것으로 일단 설명될 수 있을지 모르지만,

개중에는 물리는 잘 하지만 화학은 전혀 못한다는 경우도 있다. 다시 말하면 일류 수학자는 직감 능력이 없으면 안된다는 것이 되므로 막상 어느 쪽이 머리가 좋다는 것일까?

머리가 좋아지는 열쇠는 환경에 있다!

이 이야기를 하는 데 있어서 피할 수 없는 큰 문제가 있다.

즉, '머리가 좋은 것은 선천적인 것인가, 어떤가?'

이것은 다시 말하지만, 큰 문제이다.

유전, 즉 선천성(先天性)인가 아니면 교육, 즉 후천성(後天性)인 것으로 머리가 좋음이 정해지는 것인가는 서로 의논이 나뉘어 버리지만, 일반적으로는 유전이라고 생각되는 부분이 상당히 강하다.

머리가 좋은 아이는 머리 좋은 부모에게서 태어난다. 그리고 머리 나쁜 부모에게서는 머리 나쁜 아이밖에 생겨나지 않는다. 이러한 도식이 보통이 되어 세상에 넓고 깊게 침투하고 있는 것이 현상이다. 그러나 이것은 분명히 선입관이고, 틀린 것이다.

아무리 우수한 부모로부터 태어났다 하더라도 환경이 나쁘면 어쩔 수 없다.

이것의 극단적인 증명 예는 금세기 전반에 인도의 미드내플에서 발견된 소위 '이리 소녀'이다. 이 소녀(정확히는 자매 두 사람)는 발견되어 인간의 손에 의해 사회복귀 교육을 받았지만, 결국 다소의 언어를 이해할 뿐이었다.

즉, 유아기에 들판에 풀어 놓고 이리로 키우면 결코 지능 높은 인간으로서는 자라지 않는다. 이리는 이리로서 자라는 것이고, 역시 인간은 인간이 키우지 않으면 인간으로 될 수 없다는 것을 여실히 증명한 셈이다.

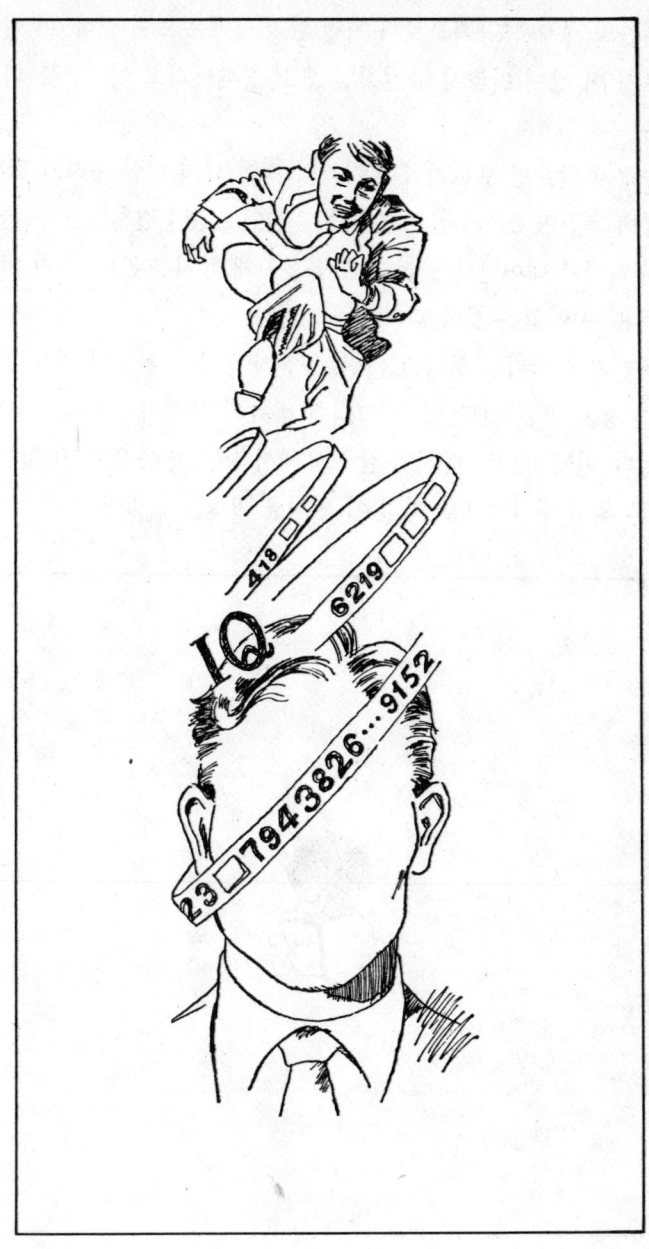

인간의 세계에도 '가문보다 가정 환경'이라는 말이 있다. 이 책은 오로지 이 말에 따라서 유전적인 요소는 빼버리고 이야기를 하고 싶다.

그렇지 않으면 오로지 유전자학의 책이 되어 버릴 우려가 있다. 일류대 출신인 C군과 같은 일류대 출신인 E양이 결혼하면 노벨상 감인 아이가 태어난다는 것 등을 운운하게 될지 모른다. 독자 여러분에게 변명 없는 것이 돼버리는 것이다.

유전자 이야기를 하나만 하면, 유전자 중에는 환경에 의해 상당한 영향을 받는 것도 있다. 그러한 종류의 유전자야 말로 진짜인 것이다. 이것을 어떻게 하면 잘 교육해서 '머리 좋은 인간'이 되는가가 본 책의 테마이므로 이하 이 원칙을 확실하게 밟아 가고 싶다.

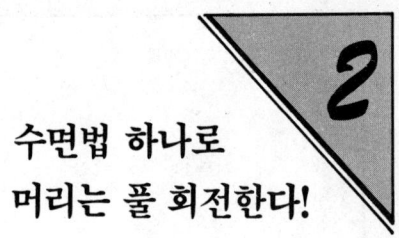

수면법 하나로
머리는 풀 회전한다!

24시간을 어떻게 효과적으로 쓰는가

'머리가 좋다'는 것은 무엇일까? 하고 머리를 갸우뚱해보면, 아무래도 인간이 하루에 갖는 시간인 24시간 중에서 자는 부분을 제외한, 즉 일어나 활동을 하는 시간을 어떻게 효과적으로 사용하는가에 달려 있는 것일 것이다. 어느 남자는 코를 골아서 머리가 나쁘다든지, 영어 잠꼬대를 하니까 머리가 좋다든지, 세간에서 문제가 되었다는 이야기는 들은 적이 없다.

당연한 일이지만, 아무리 부자나 가난뱅이라도 하루에 주어진 시간은 24시간이라는 것으로, 신(神)께서 아주 평등하게 정해 주어 모든 승부는 이 시간을 어떻게 유효하게 사용하는가에 달려 있다.

스포츠로 말하면, 마라톤과 같이 42.195km를 몇 시간 몇 분에 달리는 것 보다도, '르망'의 카 레이스같이 24시간 동안에 몇 마일 달리는가를 서로 겨루는 것일 것이다.

따라서 졸면서 운전을 하고 있으면 결정적으로 탈락되는 것이고, 인생 레이스의 경우도 24시간 중 자고 있는 부분을 얼마나 적게

하는가로 승부가 결정된다. 누구나 그렇게 생각하는 것이 당연하다. 자고 있는 동안에 교체해 줄 운전사는 없기 때문이다.

그래서 인류의 역사는 어떻게 수면시간을 단축하는가로 악전고투의 관(觀)을 나타내게 되었다.

가로되, 나폴레옹 3시간, 에디슨 4시간(일설에서는 2시간).

수험생 사이에서는 삼당사락(三當四落)이나 사당오락(四當五落)이라는 말이 있는데, 이것은 말할 필요도 없지만, 설명하면 세 시간 자면 합격이고 네 시간 자면 떨어진다는 것인데, 이토록 인간의 경쟁은 심하다.

이렇게 되면 차라리 적극적으로 불면증이 되는 쪽이 빠른 길이 아닐까 하고 생각되지만, 그렇게는 할 수 없는 것에 인간의 비애(非哀)가 있다.

동물이면 본격적으로 수면시간이 짧은 것이 있고, 기린 따위는 20분만 자면 좋다고 하는데, 이것도 속임수가 있어 먹을 때 이외에는 선 채로 언제나 졸기만 한다고 한다.

이것으로는 역시 인간에게 참고가 되지 않는다. 인간이 인간인 것은 머리가 항상 회전하지 않으면 안되는 것이다.

즉, 머리가 풀(full) 회전하는 것이 머리가 좋다는 것으로, 수면시간을 풀로 삭감하려고 노력해 보아도 깨어 있는 중요한 시간에 엔진 고장을 일으키는 상태에서는 아무 의미가 없는 일이다.

어쩐지 뇌의 활동이라는 것은 수면과 밀접한 관계가 있을 것같다는 것이 사람들의 기분일 것이다.

특히 삼당사락으로 세 시간 밖에 잠자지 않았는데 수험에 실패한 사람(반드시 있을 것이다)은 깜짝 놀라게 된다.

그 정도로 무리를 하지 않아도 이 세상에 불면증으로 괴로워하는 사람은 매우 많으므로 새삼스럽게 지론할 필요도 없다고 할 수 있다.

잘 자는 사람일수록 머리가 좋다

생리학적으로도 이 수면의 문제는 아직도 미지(未知)의 분야이지만, 내가 생각하기에는 숙면시(熟眠時)에 충분한 산소공급을 하는 시스템으로 되어 있다고 생각한다.

뇌(腦)라는 것은 인간의 모든 조직 중에서 가장 산소 사용이 왕성한 장소로, 자고 있는 동안에 뇌의 산소 범브(bombe)를 채워두지 않으면, 생각대로 활동하지 않을 것이다. 그 증거로 잠이 부족할 때는 누구라도 큰 하품을 연발한다.

결국, 수면시간을 단축하는 것은 괜찮지만, 산소 범브가 채워지기 전에 억지로 엔진에 시동을 걸어도 곧 가스가 부족하게 되고, 이렇게 되면 자는 쪽이 훨씬 합리적이며 연료비도 들지 않는다는 우스운 이야기가 된다.

이러한 나도 60세가 지나 발레를 하거나, 첼로를 켜기도 하고, 강연이나 책을 쓸 일로 사람들과 만나면 웬지 그 이유는 알 수 없지만,

"수면시간이 서너 시간입니까?"라는 물음을 자주 받는다.

"서너 시간? 당치도 않아요. 나는 지금까지 내 인생에서 서너 시간 잔 날은 셀 수 있을 정도로 적습니다."

이것은 미안한 농담.

보통 때는 최저 7시간, 피곤할 때는 8시간 자지 않으면 상태가 나쁘다.

왜 이런 농담을 하는가 하면, 나는 학생시절부터 심한 불면증으로 괴로워했고 그 당시, H교수라는 선생이 있었다.

이 분은 「진동론(振動論)」이라는, 백과사전처럼 두꺼운 책을

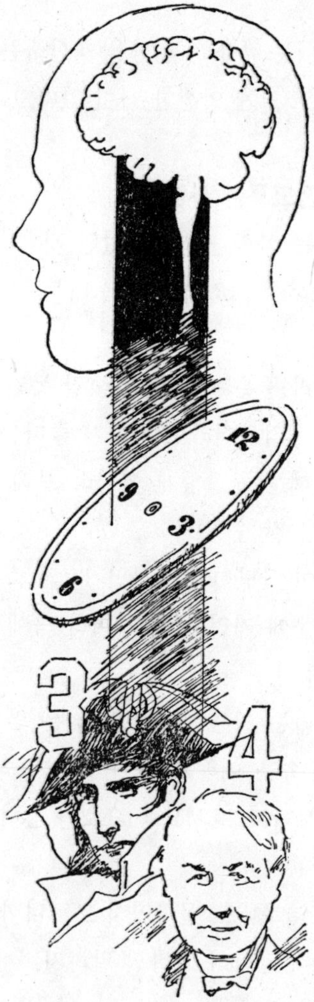

쓴 셈이지만 항공 연구소의 연구생이 되고 나서 이 교수와 서로 친하게 되어 언젠가 내가 불면증으로 괴로워하는 것을 호소했더니,

"잠이 잘 안와? 나는 잠을 자본 밤을 계산하는 쪽이 빠르다."라고 했다. 나는 이것으로 크게 안심한 적이 있다.

잠이 안와서 악전고투한 사람들

교수는 과장 없는 심한 불면증이었던 것 같은데, 동서고금에서 큰 업적을 남긴 두뇌를 가진 사람들은 대부분 자는 것에 상당히 고생했을 것이다.

바꿔 말하면, 머리 좋은 사람은 잠을 잘 못잔다고 말해도 좋다고 생각한다. 간단히 생각하더라도 머리가 좋다는 것은, 두뇌 활동이 상당히 활발하기 때문에 그렇게 쉽사리 브레이크가 걸리지 않는다. 즉, 자려고 해도 잘 수 없다.

더욱 이 상상력이 상당히 풍부하면 TV의 스위치를 끄는 것과는 의미가 다르기 때문에 자려고 해도 머리 속에서는 상상력이 뛰어 돌게 되어 잘 수 없다.

그렇다면, 정치가는 이른 아침부터 깊은 밤까지 풀로 활약하는데 대체 그 머리 속은 어떻게 되어 있는가 하고 궁금해 하는데, 어쩌면 두뇌활동 보다도 육체노동 요소가 강하기 때문에 불면증이 생길지도 모른다.

아니, 그렇다면 너무나도 실례인지 모르니까 두뇌노동과 육체노동의 균형이 상당히 알맞다고 바꿔 말하자.

재치있게 처신한 것이다.

정치가 선생의 이야기는 여기서는 피하자. 확실히 실러의 시였던가, 괴테의 시 혹은 하이네의 시였던가, 나의 기억력의 나쁨은 본

책의 서두에서 자백했으므로 실수가 있으면 용서하기 바라는데, '썩은 사과 냄새를 맡고 잠자리에 든다'라는 것이 있어 아이 때, 나는 이것을 시험해 본 적이 있다.

한 소설가의 책 속에도 '침대 네 귀퉁이에 향수를 뿌려서 잠을 오게 한다'라는 것이 있어 이것도 실험했지만, 향기가 너무 강해서 역효과였다. 나 자신의 일은 뒤에 말하겠지만, 이같은 예술가나 학자 부류에 속한 사람들은 잠들기가 상당히 어렵고, 수면을 취하는 데 꽤 큰 고생을 하고 있다.

하긴 예술가나 학자라도 술 힘을 빌어서라도 잘 수 있는 사람은 행복하지만, 공교롭게도 나는 술을 못 먹는 체질이다.

술을 못 먹기 때문에 질투로 말하는 것은 아니지만, 이것도 습관성이 되어 술이 없으면 잘 수 없는, 자기 위해 술을 마시는 상황이 되면 최악이므로 확실히 하기 위해 충고를 하고자 한다.

스트레스가 인간의 머리를 좋게 했다?

아직 수면 이야기가 더 이어진다.

왜냐하면, 나는 이 책의 테마를 풀기 위해서는 숙면을 한다는 것이 얼마나 중요하고, 또 이것을 빼고는 설명을 잇기 어렵다고 생각하기 때문에 유전자학적으로 수면에 관해서는 전혀 문제가 없다고 자신하는 독자는 이 장은 뛰어 넘고 다음으로 옮겨가도 좋다.

최근에는 평균적으로 잠이 잘 오지 않는 사람이 늘고 있는 것이 실정이다.

그 증거로 대부분의 백화점에서는, '쾌면(快眠)'코너 라는 것이 있어 자기 위한 모든 도구가 갖추어져 있고, 실제로 찾는 사람도 많다고 한다. 그 만큼 사회구조가 복잡해져서 스트레스가 쌓여가는 것인지 스트레스론으로는 문제가 결말나지 않는다.

어떤 사회에서나 인간이 있는 곳에 스트레스가 없는 장소는 없고, 인간의 역사는 모든 스트레스에 의해 완성된다고 해도 과언이 아니다.

미약한 완력(腕力)을 커버하기 위해 머리로 대항하려고 하고, 뇌(腦)가 발달하면 중량을 지탱하기 위해서 두 발로 일어서는 것인데, 음식물을 채워 넣기에는 매우 구조적으로 상태가 나쁘다. 극단적인 이야기로 두 발은 서서 배가 땅에 닿을 정도로 채워 넣을 수 있다. 뱀 따위는 이러한 걱정이 없다. 하지만 인간은 그렇게는 할 수 없다.

배에 음식물을 가득 채워 넣으면 움직일 수 없는 구조가 되어버려 뒹구는 것밖에 다른 방법이 없다. 그렇지 않으면 극단적인 위하수(胃下垂)가 된다. 따라서 배 부르게 먹을 수 없기 때문에 항상 배를 비워두게 되며, 농업을 일으키고 목축을 발명한 것인데, 이것 또한 상당한 스트레스이다.

이 이야기는 제 6장에서 상세히 서술할 것이지만, 요컨대 인간에게 있어선 시기가 창조를 위한 제1의 도약이므로 스트레스로 인류가 망하는 것은 아니다.

PC현상이 불면증을 늘리기 시작했다!

그러면 왜 최근에 와서 불면증에 걸린 사람이 상당히 늘어나는 것일까.

그것은 인간이 손발을 움직여 활동할 기회가 줄어들었기 때문이다. 우리들은 이 현상을 '프로세스 생략' 혹은 '도중 커트'라고 부르고, 프로세스 커트(process cut)를 약해서 PC라고 하는데, 이 PC 경향이 끝없이 진행하고 있다. 예를 들면, 전화 카드가 그것이다.

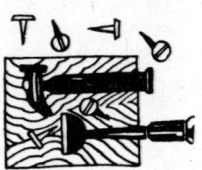

만약 전화 카드가 없었다면, 우리들은 10원이나 백원짜리 동전을 하나하나 공중전화 기계에 넣지 않으면 안된다.

그 때문에 우선 지갑을 들여다 보고 잔돈이 없거나 혹은 부족할 때는 어딘가로 바꾸러 달려 간다.

대개 공중전화를 이용할 때는 급히 걸고 싶으므로 종종 걸음으로 달려 바꾸러 간다. 그리고 "미안하지만, 잔돈으로 바꾸어 주지 않겠습니까?"하고 말하지 않으면 안된다. 전화를 걸기 전에 가게 아주머니에게 죄송한 말을 해야만 하는 것이다.

그리고 돈을 바꾸고 세어서 지갑에 넣고 또 다시 공중전화가 있는 곳까지 달려가서 이번에는 오른손으로 동전을 하나씩 전화기 속으로 넣어야 한다.

이렇게 해서 겨우 전화를 이용해 누군가와 이야기를 한다는 당초의 목적을 수행할 수 있는 것이다.

그 동안 손과 발과 입을 얼마나 움직였는가. 얼마 만큼 에너지를 소비했는가. 하지만 전화 카드를 소지하고 있으면 누름 보턴을 누를 뿐이다. 손과 발의 운동이 얼마 만큼 생략된 것인가.

이 PC현상은 현대 사회의 과학기술이 진보하는 과정에서 필연적으로 일어나는 것인데, 우리들 생활의 편리함이라는 것은 모두 PC가 기본이 된다.

만약, 엘리베이터가 발명되지 않았으면 누구든지 초고층 빌딩을 지으려고는 생각하지 않았을 것이다. 백 몇 십층인 계단의 수를 상상하는 것만으로 아찔해진다.

이것은 비단 생활의 분야만은 아니다. 이것은 「속(續)·역전의 발상」에서 쓴 것이므로 벌써 10수 년 이전이 되는데, 대학 산악부에서 바위를 오를 때에, 그때까지는 한 개씩 망치로 징을 박아 한발 한발 오른 것이, 최근에는 기계를 사용해 한 번에 몸을 끌어 올린다고 한다.

그 이야기를 해 준 내 친구가 후배인 학생에게 "이것은 등산이 아니다. 등산이라는 것은 스스로 징을 치고, 한 걸음, 한 걸음 고생해 오르는 것으로, 그 과정이 있음으로써 비로소 정상에 도달한 감동이 있는 것은 아닐까?"라고 말했더니,

"어떻게 오르든 정상의 경치는 같아요."라는 대답이 있었다고 한다.

PC는 여기까지 온 것이다.

현대인은 불면증이 되었다

일차전(一借前)인데, 알빈 토플러는 「제3의 물결」이라는 책에서 1980년에서 90년 정도가 되면 모든 집에 컴퓨터를 두고, 키보드를 두드리면 그것이 회사에 직결하기 때문에 출근할 필요가 없게 될

것이라고 예측했다.

실제로 거기까지는 가지 않았지만, 그러한 상상을 하는 학자가 나올 정도로 인간은 PC에 의해 손과 발과 신체를 움직이지 않게 되었다.

이렇게 되면 인간은 동물의 일종인가, 어떤가. 바지락인가, 대합인가는 잊었지만, 어떤 종류의 조개는 23시간 반주기(半周期)의 활동을 하고, 이것은 몇 억 년인가 옛날, 지구의 자전이 23시간 반이었다는 학설의 근거가 되고 있지만, 대부분의 생물은 24시간의 싸이클로 활동하고 있고, 인간도 예외는 아니다.

하지만 인간은 과학기술의 발달에 의해 움직이지 않아도 좋을 정도가 되어 있기 때문에 동물은 아닌 셈이 되었다. 웃을 일이 아니라 24시간의 싸이클이 깨져 잠이 오지 않는 사람이 속출하고, 이리하여 결국 백화점에 쾌면(快眠)코너가 생긴다는 사정이다.

3 두뇌를
최고로 움직이게 하는 '숙면법'

낮의 머리 좋음은 수면의 깊이에 비례한다

나 자신은 겨우 국민학교 때부터 이 불면증으로 악전고투한 경험이 있다. 어떻게 수면을 취할까 하는 고민의 연속이 내 인생의 역사라는 식이었기 때문에 동료가 늘어나면서부터는 기쁨과 동시에 동병상련(同病相憐)의 정신으로 더욱 수면에 대해서 이야기하고 싶다.

나의 경우, 수면시간이 부족하면 정말로 다음 날은 안좋은 기분이다.

지독하게 머리가 나쁜 사람이 되어 버려 어떤 것에 대한 반응이 둔해지거나, 말조차 바로 나오지 않는다. 머리 능률이 10분의 1 정도로 저하해 버리는 것이다.

수면과 머리의 활동과의 관계는 진자의 운동 법칙이라고 생각한다.

진자라는 것은 잘 아는 바와 같이 오른쪽으로 한껏 돌았다고 생각되면, 왼쪽으로 한껏 돌아 두어야 한다.

여기에서 오른쪽을 낮에 머리를 풀로 활동시키는 시간대라고
하면, 오른쪽으로 냅다 강하게 뿌리치기 위해서는 왼쪽 즉, 수면시
간대 쪽도 빠듯할 때까지 깊이 돌려 두어야 한다.

결국, 낮동안의 머리 좋음은 수면의 깊이에 비례하는 셈이며,
이것을 거꾸로 말하면, 수면의 얕음은 머리 나쁨과 비례한다는 것이
된다.

간단히 말하면 잘 자면 머리가 좋은 상태가 된다.

때문에 나 개인의 경험으로 이 법칙에 따라 머리 좋아지는 법의
가장 첫 번째 단계는 매일 밤 얼마나 잘 자는가 하는 것이 출발선이
되는 것이다.

괘종시계와 지낸 '잘 수 없는 밤'

불행하게도 나는 어렸을 때부터 잠자는 것이 상당히 골칫거리였
다.

이불 속에 들어간 순간, 여러 가지 일을 생각하기 시작하고 만
다. 마지막에는 인간이 잠자리에 들어가는 순간은 과연 어떤 심리
상태가 되는가를 관찰하려고 생각하고 이제나 저제나 잠들까하고
기다리는 것이다. 이래서는 잠들 수 없다.

이리하여 그 결정적 순간을 볼 수가 없고, 아침을 맞는 처지가
되는 것이다.

당시는 집에 있는 시계라는 것은 모두 벽시계이고, 지금은 시골
의 옛날집에서 밖에 볼 수 없지만, 소위 괘종시계였다. 12시가 되면
땡땡, 12번 울린다.

1시가 되면 땡하고 1번, 2시가 되면 땡땡, 하고 2번. 실수로도
PC로 갑자기 아침 8시가 되지는 않는다.

이 땡땡, 하는 소리도 꽤 성가신 것으로, 잠드는 순간을 기다리고

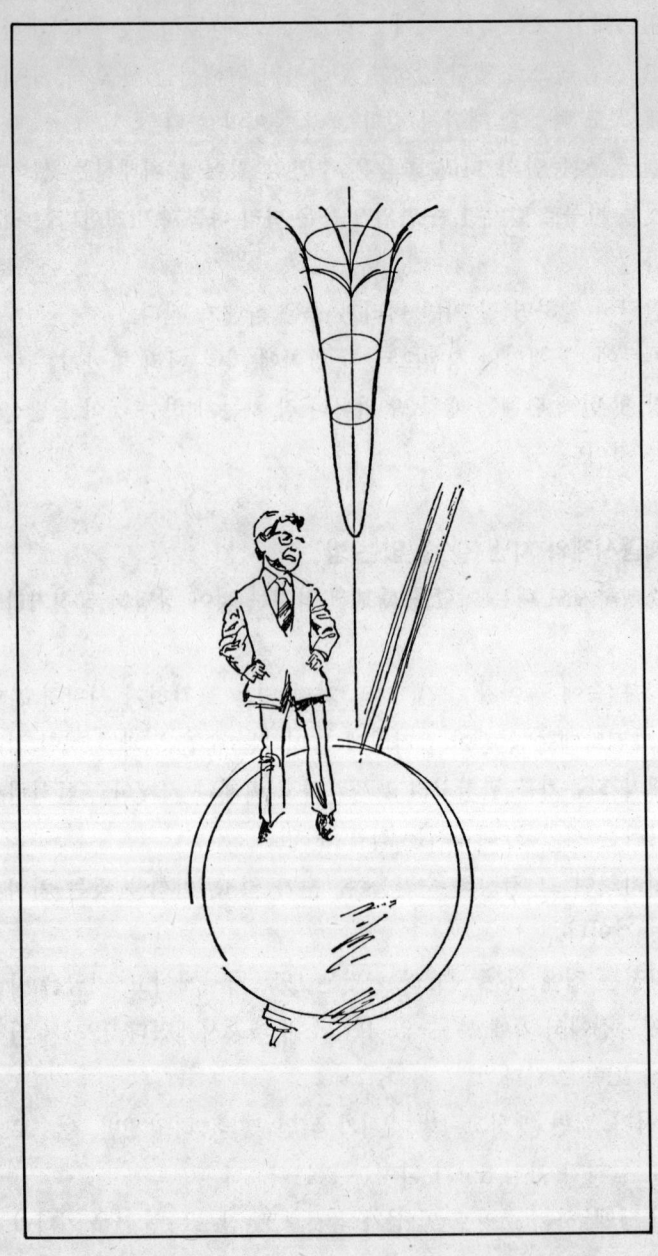

있으면, 대개 경과 시간을 알 수 있기 때문에 몇 분 후에 땡땡, 하고
울릴 것인지 예측이 된다. '11분 후'라고 짐작하며 기다리고 이제
슬슬 울리겠지 하며 초읽기를 개시한다. 5, 4, 3, 2, 1, 제로! 땡!

거의 어김없이 벽시계가 우는 시각까지 맞춰버리는 형편으로,
내가 나중에 로케트 일을 하게 된 것은 여기에 인연이 있었는지도
모른다. 이것이 진짜 국민학교 저학년 때의 나의 모습이다. 땡땡으
로 말하면, 아침까지 몇 번이나 울었던가를 전부 기억하고 있는
밤이 며칠이나 있었던 것으로 기억하고 있다.

잠이 잘 오지 않으면 그만큼 손해이다!

아침까지 완전히 샌 것은 예외라고 해도, 잠이 잘 오지 않는다는
것은 결국, 아침에 일어나는 시간이 늦어지게 하고, 이것은 이후
내 인생에 악녀와 같이 항상 따라다녔다.

대학 시절은 대학까지 택시로 달려간 적이 자주 있었다. 지금
생각하면 대단한 사치와 같은 느낌이 들지만, 당시의 택시값은 싸서
형과 둘이 타면 버스값과 다름이 없었던 듯이 생각된다.

그리고 대학을 졸업하고 나서 항공 연구소에 들어갔으며, 앞에서
이야기한 H교수의 에피소드를 듣게 되어 안심했다.

잔 날의 기억이 거의 없는 지독한 불면증인 사람이라도, 백과사
전과 같은 책을 쓸 수 있는 것이므로 나도 뭔가 되겠지, 라고 생각
했다. 그렇게는 생각했지만, 학생시절은 늦잠을 자도 노트를 필기하
든가 하면 어떻게 됐지만, 회사에 들어가 샐러리맨 생활을 시작하고
나서가 큰일이었다. 어쨌든 국민학교 때부터의 습관이므로 수월히
고칠 수는 없다. 고쳤다면 이런 고생은 하지 않을 것이다.

1935년 쯤이었는데, 정말이지 항공기 회사라고 해야 할지, 이미
타임 레코더가 설치돼 있어 나는 거의 매일 쨍그랑하며 빨간 글씨

가 나온다.

당연하지만 일초 늦어도 빨간 글씨가 된다. 빨간 글씨가 나오면 샐러리맨이므로 하루 종일 아무리 좋은 일을 해도 보너스가 나빠진다. 3일 지각하면 하루 결근과 같았다. 따라서 보너스 때가 되면 허전한 생각이 든다. 붉은 눈으로 붉은 글씨의 숫자를 보고 있자니 가계부도 적자의 연속이라 참을 수 없었던 것이다.

잠이 잘 오지 않는 것이 하나도 좋을 것이 없는 속임수로 되어 있는 것이 세상인 것이다.

시계를 추방시키자!

내가 어떻게 잠을 잘 잘까 하고 도전한 제일 첫 번째 단계는, 시계 소리를 없애는 것이었다. 수면의 깊이와 각성시(覺醒時)의 뇌의 움직임은 정비례한다고 앞에서 썼지만, 그 진자(振子)현상을 발견한 것은 바로 벽시계의 시계추가 째깍째깍하는 소리이고, 그 소리가 날 때마다 내 뇌는 수면, 각성, 수면, 각성으로 흔들리며 움직이는 것같은 느낌이어서 여자 아이가 자주 하는 꽃잎 점(占)과 같이 잔다. 안잔다, 잔다, 안잔다를 계속 반복하고 아침이 되어 마지막 꽃잎을 집어 버리면 '안잔다'라는 결론에 도달하는 것이다.

최근에는 전혀 소리가 나지 않는 시계가 늘어났기 때문에 기쁘지만, 이것이 나오기 전에는 잠을 자는 방에는 일체 시계를 두지 않기로 했었다.

여관 등에 어쩔 수 없이 시계가 있을 때는 옷장을 열어 이불 속에 시계를 꽂아두고 호텔에 있는 머리맡의 전자시계도 소리가 나서 콘센트를 찾아 빼기까지 했었다.

이것으로 시계 소리는 간신히 퇴치할 수 있었지만, 1953년에 처음으로 미국에 갔을 때, 새로운 대적과 만나게 되었다. 차 소리였다.

　호텔 아래 길을 한밤중에 끊임없이 **빵빵**, 하는 소리를 내며 차가 지나가는 것이다. 이것에는 질렸다. 그것을 꽉 쥐고 옷장에 쳐넣을 수는 없다.

　현재에는 소음 공해가 흔하지만, 그 당시 우리나라는 아직 자동차가 그리 많지 않은 사회가 되어서 차소리 때문에 잠잘 수 없다는 것은 전혀 생각할 수 없었던 것이다.

편안하고 깊은 잠을 유혹하는 소리란?

　소리라는 것은 이상한 것으로, 잘 수 없게 만드는 소리가 있는가 하면 아주 편안하여 오히려 수면 촉진에 크게 유효한 소리도 있다.

나의 경우, 졸졸 흐르는 시냇물 소리나 해변의 파도 소리가 거기에 해당한다.

이것은 나의 부모가 여름이 되면 해변가에 방을 빌려 해수욕을 시키는 습관이 있었기 때문인 것같다. 그러므로 지금도 파도 소리가 들리는 곳에서는 잘 잔다. 어쨌든 물소리라는 것은 모두 쾌적한 것이고 비가 쫘, 하고 내려 주면 쾌면(快眠)할 수 있다. 이것이 비바람이 거센 밤이 되거나 하면 숙면(熟眠)하는 기묘한 체질인 것이다.

최근 나도 자주 온천 여관을 이용한다. 그때는 일부러 "천(川)에 가장 가까운 방을 부탁합니다."하는 것이다.

"손님, 냇물 소리가 시끄러워서 잘 잘 수 없을 텐데요."

여관 사람은 대개 이렇게 말하지만, 나는 그것이 목적인 것이다. 본래부터 체질적으로 맞을 뿐 아니라 차음(遮音)효과도 된다.

방음이 되어 있지 않은 여관에서는 밤 늦게까지 연회를 베풀거나

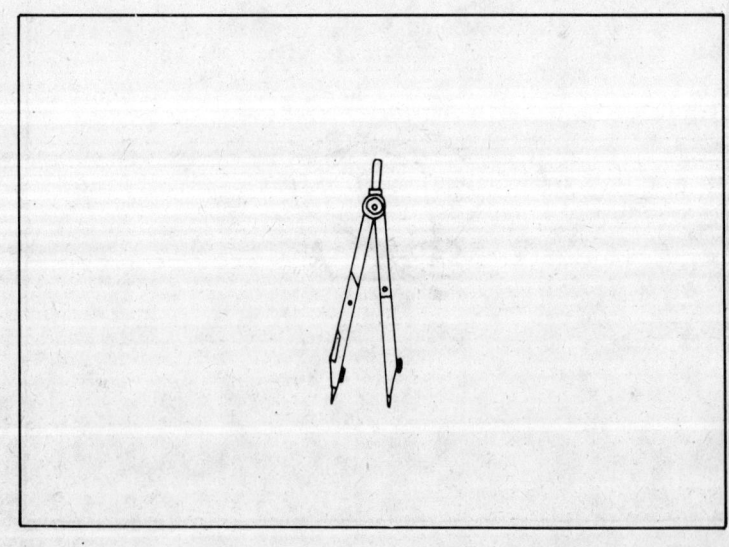

잠을 잘 수 없다.

그 소음을 방지하기 위해서라도 가능한한 천(川)에 가까운 방에서 쏴, 하는 소리를 듣는 쪽이 좋은 것이다.

천(川)에 가까운 방이 아닌 경우, 최근의 온천 여관은 호텔 형식으로 되어 있어 방에 욕실이 설치되어 있기 때문에 욕실문을 활짝 열어 두고, 목욕통에서 물이 흘러 떨어지는 소리를 들으며 빙긋이 웃으면서 잠들 정도인 것이다.

의미 없는 잡음이야말로 효과적

비단 내 경우에 한한 것만이 아니라 아무래도 인간에게는 잠을 유혹하는 쾌적한 소리라는 것이 있을 것 같다. 또 최근 연구소 내에도 소리를 가지고 여러 가지 병을 고치려는 시도를 하고 있다.

즉, 음악 요법 연구이다. 음악 요법이라고 해도 지금 말한 것 같은 냇물 소리, 또는 재미있는 것으로는 절에 스님이 많이 모여 경을 읽는 소리나, 여러 가지 음을 들려주어 정신 안정이나 신경계의 병을 치료하는 것을 연구하고 있지만 도중 경과로는 별로 리듬이 없는 음쪽이 효과가 있는 것같다. 의외로 효과가 있는 것이 화이트 노이즈(White-noise). 방송 종료 후에 텔리비전 화면이 하얗게 되고, 직, 하는 그 음이다. 생각해 보면 텔리비전을 켜두지 않으면 잘 수 없다는 사람이 의외로 많다.

단순히 생각하면 텔리비전 음성이 효과가 있을 것이라고 생각되지만, 그것이야말로 라디오 쪽이 음질도 좋으므로 텔리비전에 구애되는 것은 이상하다고 생각할 수 있는데, 나는 과연 화이트 노이즈구나 하고 납득이 갔다.

이 음은 전혀 의미 없는 잡음이다.

아무래도 지금까지의 연구로는 인간의 수면에 있어서는 의미없는 잡음 쪽이 효과적인 것 같다.

내가 좋아하는 냇물 흐르는 소리나, 파도 소리 등도 의미 없는 잡음의 일종이다. 연구 테마의 하나인 경 읽는 소리도 스님에게는 실례지만, 독경은 잡음의 한 종류로서 어떤 독특한 억양이 참을 수 없게 잠을 유혹하는 것 같다.

생각해 보면, 냇물 흐름과 아주 비슷하다.

철야하는 자리에서 즉 늘어앉은 참례자(參禮者)의 '성불'하고 있는 모습이 자주 보인다. 과연 유효하다고 감탄할 정도이다.

하지만 같은 물소리라도 수도꼭지에서 새는 물방울 소리는 안된다.

소설 속에서도 자주 나오지만, 물방울 소리는 인간을 잘 수 없게 하는 공포의 소리라고 한다.

왜 수도 꼭지에서 새는 물방울 소리가 공포의 소리인가 하면 정기적(定期的)이고 주기적(周期的)인 것이기 때문이다.

인간의 신경은 주기적인 음에 대해서 민감하게 설계되어 있는 것같다.

어느 추리 소설에 따르면, 이웃 아파트에 사는 주인을 죽이는데 깊은 밤 정해진 시간에 망치를 두드렸더니 노이로제에 걸렸다고 한다.

그만큼 인간의 신경에 정기적인 소리는 장해가 되는 것이다.

사회인으로서 지극히 보통으로 살아가기 위해서는 노이로제는 물론이고 역시 늦잠을 자면 일이 되지 않는다.

이 일을 하는데도 잠이 부족해서 머리가 활동하지 않는 상태에서는 잘 할 수가 없다. 이러한 단순한 사실을 깨달은 나는 하루 중에 일을 하는 것과 똑같은 열정과 각오를 갖고 전력투구하여 밤의 수면에 맞서는 노력을 스스로 하게 했다.

참으로 내게 있어서 잔다는 것은 일대 사업이었다고 해도 과언이
아니다.

독자 여러분은 과장이라고 말할지 모르지만, 부디 진지한 태도로
나의 고생담을 읽어주기 바란다.

이것은 머리를 좋게 하기 위한 기본문제인 것이다.

결국, 나 자신은 선천적으로 잠을 잘 잘 수 없어서 어쩔 수 없이
아침에 늦잠을 자 학교나 회사에 지각하는 것도 어쩔 수 없는 일이
라고 체념해 버리고 잠이 잘 안오면 뭔가 잘 수 있는 방법을 연구
하고, 잠을 잘 자는 사람과 아주 똑같은 생활을 하도록 한다. 그
노력을 최대한으로 한다. 그리고 각오를 정한다.

이러한 결의야 말로 이 책에 일관해서 흐르는 최대의 테마인
것이다. 머리를 좋게 하는 방법은 이것을 명심하는 것밖에는 없다.

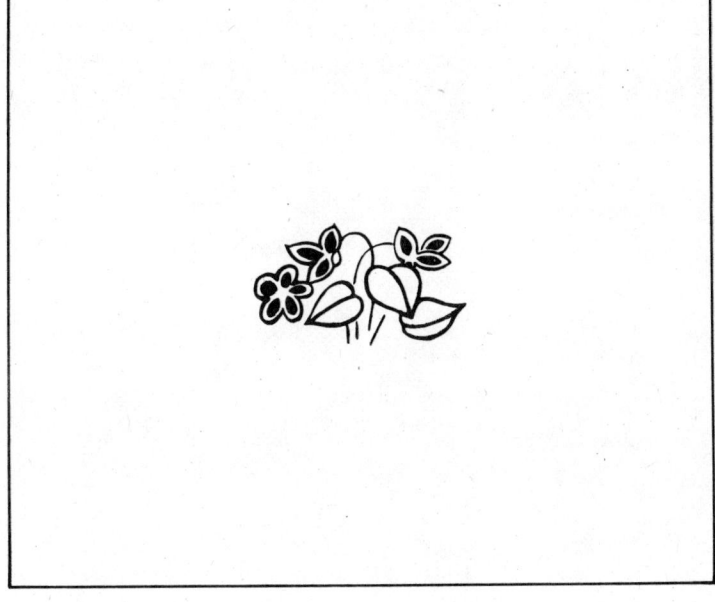

2

우선 첫 번째로
두뇌를 회전시키는 '자기 암시법'

● 불가능을 가능하게 하는
 암시의 비밀

2장-우선 첫 번째로 두뇌를 회전시키는 '자기 암시법' 57

머리를
잘 돌게 하는 방법

노벨상을 탈만한 가치가 있는 힌트는 어디에서 생겨나는가

앞 장에서 PC(프로세스 커트) 현상이 인간의 손과 발과 신체의 움직임을 빼앗고, 건전한 수면을 곤란하게 한다고 말했는데, 대부분의 사람은 운동부족 때문에 신체의 균형이 무너졌다고 생각하고 일제히 스포츠로 돌주하고 있는 것같다.

확실이 그냥 앉아만 있으면 상태가 이상해진다. 어느 정도 근육을 움직이지 않으면 신진대사도 나빠지고 식욕도 잃는다.

하지만, 내가 예로부터 의문으로 생각하고 있었던 것인데, 스포츠를 하면 인간은 건강해질 수 있는 것일까. 이것은 큰 착각이 아닌가. 이대로라면 '건강 때문에 목숨도 잃는다'라는 정도가 되지 않을까라고 생각하고 있었는데 그 생각이 현실적인 것이 되었다.

일반적으로 건강 스포츠의 꽃으로 각광을 받은 에어로빅의 강사들 대부분이 다리에 고장을 일으킨다고 지적되었다.

여기에서 내가 말하고 싶은 것은, 정말로 머리가 좋은 사람에게 스포츠라는 것이 필요한가 어떤가 하는 것이다. 그러므로 감히 내가 스포츠 붐에 물을 끼얹을 작정은 아니고, 결론부터 말하면 머리와 스포츠의 관련성은 그다지 없다고 생각한다.

60세를 지나서부터 발레를 시작한 기인(奇人)으로 세간에는 유명해졌기 때문에 스포츠에 트집을 잡는다고 생각할지도 모르지만 내가 발레를 하게 된 데에는 이유가 있는 것이다. 물론 젊었을 때는 골프도 했었다. 32살인가 33살에 시작했다가 39살에 그만두었다.

그러나 정신이 상쾌해졌다고 해서 과연 골프장에 갔기 때문에 거기서 혹은 다음 날에 노벨상을 탈만한 가치가 있는 힌트 또는 새로운 비즈니스를 창조할 아이디어가 생겨날 수 있는 것일까.

절대로 라고는 말하지 않지만, 거의 생겨나지 않는다고 생각한다. 레크레이션은 어디까지나 잠시 쉬는 것이고, 잠시 쉰다는 것은 일을 제외시키는 것이 원칙인 것이므로 일에 관한 아이디어나 힌트가 거기에서 생겨나는 일은 없는 것이 보통이다.

레크레이션이라는 의미에서 보면, 나는 골프도 마작과 그다지 큰 차이가 없다고 생각하는 것이다. 경험상 그렇게 생각한다. 경험상이라고 쓴 이상, 나와 마작과의 관계를 서술해야만 하지만, 이야기가 샛길로 빗나가 버린다.

'마작으로 머리가 좋아진다?'

호기심의 문제는 나중에 언급하겠지만, 나는 원래 호기심이 강한 편이라서 고등학교 2학년 때, '인간은 왜 뱀을 싫어하는가'라는 것에 대단한 호기심을 갖은 적이 있다.

그렇게 되면 무엇이나 실제로 증명하지 않으면 참을 수 없는 체질이라서 산을 헤치고 들어가 뱀을 잡았다. 몇 십 종류의, 아마 우리나라에 서식하는 뱀을 대부분 알콜에 담가 두고 그 병을 책상

위에 죽 늘어 놓았는데, 마지막에 살무사를 잡아 와서 "내가 해 냈다. 이제 남은 것은 연구뿐이다."하고 싱글벙글하며, 알콜병을 막으려고 생각한 순간, 살무사에게 거꾸로 당해 오른쪽 집게손가락을 덥석 물렸다. 당시는 뱀 독에 대한 왁찐은 있었지만, 살무사 왁찐은 아직 없었던 시기로 의사에게 죽을지도 모른다는 소리를 들었던 것 같았지만, 무언가 도와서 살아는 있는데 아직까지도 오른쪽 집게손가락이 부자유스럽다.

이 긁어 부스럼 만드는 것 때문에 고등학교 2학년 2학기에는 휴학하게 되었다. 한나절이 되어 겨우 일어나 집에서 빈둥빈둥 놀고 있는데, 친구들이 와서 왼손이 움직이면 마작을 하자고 했다.

이때부터 내가 마작과 만남을 시작한 것인데, 이것이 제법 독성이 있어 대학시절에는 그 정도가 덜했지만, 취직하고 나서는 교제 마작이라는 이름을 빌어 연일 매일 밤 녹초가 될 때까지 했었다.

당시의 마작은 상당한 시간이 걸렸다. 시간이 걸릴 뿐만 아니라 인간을 상대로 하는 승부전이므로 머리를 굉장히 많이 사용했다.

두뇌 게임이라서 마작이 인간의 머리를 좋게 한다는 설이 있어 그것을 훌륭한 명분으로 끌어들였지만, 그 덕택으로 비행기의 성능이 좋아졌던 적은 한 번도 없다.

단지 단순히 성(省)이나 비행기가 하늘을 나는 것만이 공통점이고, '오늘도 난다, 난다'하고 불리워진 내가 설계한 전투기와 마작은 전혀 관계가 없는 것이다.

스포츠는 머리의 체조가 되지 않는다

골프와 마작의 관계를 설명하는 데에 꽤 시간이 걸렸는데, 결국 레크레이션으로서는 큰 차이가 없다. 일을 잊을 수 있기 때문에 효과가 있다는 것이다.

단 마작은 앉아서 하고 골프는 움직이기 때문에 골프 쪽이 건강
과 가깝다는 설이 압도적이다.

나는 이 설에 트집을 잡을 생각은 털끝 만큼도 없지만, 골프든
에어로빅이든, 조깅이든 스포츠라는 것은 모두 근육 속의 혈행을
좋게 하므로 지압, 마사지와 같은 의미로 수면을 위해서는 대단히
효과적이다. 하지만 스포츠가 지압이나 마사지와 결정적으로 다른
것은, 외관(外觀)의 문제이다. 즉, 근육을 단련하고 햇볕에 태워
건강적으로 만드는 것이라고 할 수 있을 것이다.

최근의 스포츠=건강 붐의 배경에는 배구든, 축구든, 럭비든,
테니스든 모두 햇볕에 탄 피부, 야무진 역삼각형의 신체=보기 좋다
라는 사회적인 붐이 있다.

때문에 같은 스포츠라도 탁구 따위는 전혀 인기가 없다. 실내에서 하는 것이므로 햇볕에 타지 않기 때문이다. 그러나 지나친 일광욕은 피부암의 원인이 되며, 이것이 좋다고 해도 실제로 모양이 나빠 죽은 사람이 있는지 없는지를 생각하시기 바란다.

일반적으로 이 세상에서 스타일이 나빠서 죽은 인간은 없는 것이다.

인간이 죽는다는 것은 뇌혈전(腦血栓)이라든가 뇌출혈(腦出血), 심장마비나 심근경색(心筋梗塞), 심부전(心不全), 간경변(肝硬變)에서 직장암에 이르기까지, 모두 내장이 나빠져서 죽는 것이지 스타일이 나빠 죽는 것은 아니다.

확실히 스포츠라는 것은 근육을 단련시켜 튼튼하게 하지만, 내장(內臟)을 강화하는 효과가 있는지 어떤지가 문제가 된다.

스포츠는 내장을 강화하지 않는다는 것이 나의 결론이다.

예를 들어 장(腸)을 단련하기 위해 요가를 하거나 할 때, 자칫하면 장염전(腸捻轉)을 일으키는 것으로 신체를 외부에서 움직이게 하는 것이고, 내장의 강화는 안된다는 것이 옳다.

인간의 신체는 내장과 피부와 근육으로 되어 있고, 특히 머리 속의 세포는 목을 아무리 흔들어도 머리 체조는 되지 않는 것과 똑같다.

이것은 최근의 과학 잡지에 나온 예이지만, 골프를 하기 전에 컵에 소변을 담고, 1라운드, 2라운드 후에 컵에 담은 소변과 색을 비교해 본다.

골프나 조깅, 에어로빅이 모두 같지만, 꽤 격렬한 스포츠를 한 후에는 하기 전에 투명하거나 투명에 가까운 색이었던 것이 대개 황색이 되고, 극단적인 경우, 피색처럼 된다.

이 변색(變色)은 스포츠를 할 때, 몸 속에 피로물질이 많이 나오

기 때문에 그것을 정화(浄化)하기 위해 신장이 크게 기여하지만, 아무래도 깨끗이 처리되지 않고 그 처리할 수 없는 노폐물이 오줌 속에 나오는 것에 의해 일어나는 것이다.

이같이 스포츠는 신장에 상당히 부담을 준다는 것이 최근 유럽에서 여러 가지 리포트로 나와 있다.

이스라엘 군대에서는 병사의 체력을 조사할 목적으로 신장 기능과 오줌의 관계를 조사하기 위해 많은 사람들을 대상으로 오줌 테스트를 실시했는데, 그 결과, 스포츠를 하면 대개 신장 장해를 일으킨다는 결론이 나와 놀랐었다고 한다.

일시적으로 부담을 주어도 충분히 휴식을 취하면 문제는 없지만, 완전하게 노폐물을 없애고 게다가 신장 자체가 기능을 회복하기 전에 또다시 스포츠를 하거나 하면 영구적으로 노폐물이 몸 속에 축적되고, 그것이 신장에서 췌장(膵臟), 간장(肝臟)에로 연속적으로 장해를 일으키게 되어 결국에는 내장 전체를 약체화시킨다는 것이다.

운동보다는 수면이 중요

이 조사 결과에서도 알 수 있듯이 스포츠는 확실히 혈류(血流)를 좋게 하는 효과가 있지만, 근육을 태우고 단련시켜 언뜻 건강하게 보여도 내장에 대해서는 플러스가 되지 않는 경우가 많은 것이다.

인간의 건강은 근육에 있는 것이 아니라, 내장에 있는 것이 명백한 사실이므로 우리들은 근육을 단련하는 것도 좋지만, 그것과 아주 같거나 그 이상의 비중으로 내장을 강화한다는 생각을 해야만 할 것이다.

하지만 내장을 강화할 방법이라는 것은 특별난 일이 아니다. 나도 여러 사람에게 물어 보았는데, 내장을 강화하기 위해서는 수면이 가장 유효하다는 것으로 되어 있다.

다시 말하면 과학기술의 발달에 따라 PC현상이 일어나고 그 때문에 스포츠가 성행하게 됐는데, 이번엔 스포츠 마사지라는 말이 있듯이, 스포츠맨에게는 마사지가 필요하다는 기묘한 현상이 일어나기 시작한 것이다.

골프를 했기 때문에 목이 뻐근하거나, 어깨가 결리거나 또는 허리가 뻐근해서 그것을 치료하기 위해 마사지를 하게 될 때, 본래는 혈액순환, 피의 흐름을 촉진하기 위해 시작한 스포츠가 역으로 신체 속의 피로소(疲勞素)를 만들어 내고, 그것이 혈액순환을 저해하며 그 장해를 제거하기 위해 마사지를 하지 않으면 안된다는 본말 전도(本末轉倒)가 되는데, 이럴 정도라면 스포츠를 PC로 하는 쪽이 훨씬 좋지만, 헛수고도 이익이라는 정신이 있기 때문에 어쩔 수 없는 처지도 있다.

인간도 동물이므로 신체를 움직이지 않으면 안되는 것은 당연하지만, 스포츠를 하는 것과 같은 정도의 에너지를 쏟아 수면이라는

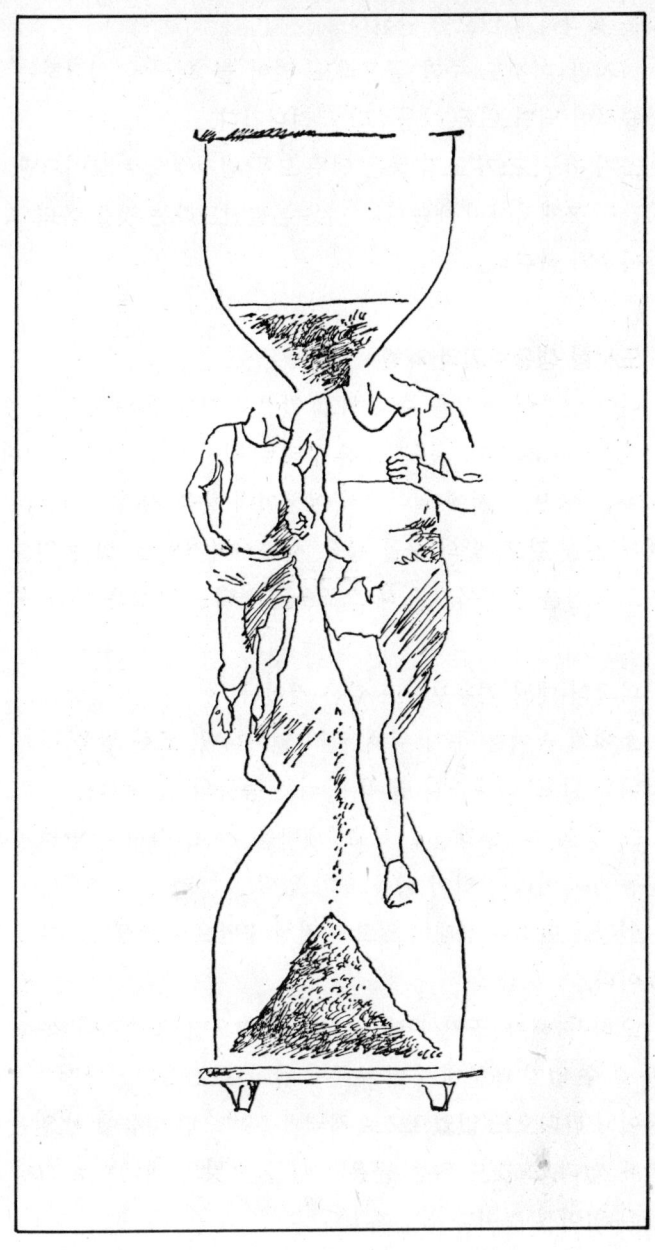

것을 생각하지 않으면 안된다.

하지만 이것도 주말 골프라도 없어 늘 회사에 지각하는 것이 상습적이 되면 이른 아침부터 달려나간다.

조기 야구, 조기 조깅 등은 언뜻 모두 건강적으로 보이지만, 수면 시간을 쪼개서까지 애쓴다는 것은 본말전도라는 것을 좀더 확실히 알아주기 바란다.

도시형 생활주기의 폐해

아마 인간이 농업을 주로 하고 있던 시기나 혹은 목축에 종사하고 있던 시대라면 이런 기묘한 상태로 되지 않고 끝났을 것이다.

아침 해 뜨기 전에 일어나서 아궁이에 불을 지피는 것부터 시작해서 논을 갈고, 밭의 풀을 뽑고, 쌀농사까지 발로 밟는 일을 하고 있으면 몸을 움직이기 위해 스포츠를 한다는 발상은 나올 수가 없다.

미국의 옛날 카우보이도 같은 것이다.

소에게 먹이를 주기 위해 일찍 일어나며, 또한 말을 타기 위해 장비를 달고, 하루종일 말 등에 타는 등등의 일과이다.

그 틈을 타 울짱을 고치고, 세탁을 하고, 식사도 만들게 되면 운동 부족이라는 말이 나올 수가 없다.

인간은 이러한 상태에 있으면 전혀 수면으로 고생하는 일도 없을 것이다.

오히려 해가 뜨기 전에 일어나지 않으면 농경지나 목축 일을 다 할 수 없기 때문에 수면 부족이 될지도 모르지만, 당시는 텔리비전이나 라디오도 없었으므로 저녁밥을 먹으면 다음에 할 일은 하나밖에 없다. 그것도 없는 젊은 사람들은 낮의 피곤으로 그냥 잠에 골아 떨어질 것이다.

필시 불면증이라는 것은, 도시형의 현상이고 농촌형의 것은 아닐 것이다.

최근 들어 농촌도 도시형적인 생활 주기가 되었기 때문에 노인이 게이트볼을 하게 되는 것이 아닐까. 농업도 기계화되었으므로 당연한 현상이다.

현대사회는 마이너스 요인이 많다

현대와 같은 기술문명 이전의 인간은 극히 일부의 상류 지배층을 제외하곤 밤에 해가 지면 오랫 동안 침상에 들었다.

태양이 뜰 때나 그 전에 일어나 태양이 지는 몇 시간 후에 잔다. 이 리듬을 600만 년 동안 이어온 것이다. 일설에는 인류가 발생하고 나서 500만 년이라고 하지만, 여하튼 수백만 년이라는 것, 태양과 지구의 관계, 24시간의 자전주기에서 인간은 생활해 왔다.

그 수백만 년이라는 오랜 시간 동안 인간의 몸에 배인 생활습관과 생리적 리듬이 기껏해야 이 백 년 동안 긴 정도의 기술문명에 의한 생활 환경의 변화로 간단히 그 체계를 변화시킬 수는 없는 것이다.

인간 신체의 환경적응 능력이라는 것은,역시 수천 년이라는 오랜 시간을 필요로 하는 것이 아닐까.

한 세대를 30년으로 하면, 백 세대는 3000년, 적어도 유전자학적으로 생각하면 그 정도 오랜 시간을 고려하지 않으면 인간의 생리적인 체질은 변화하지 않는 것이다. 간단한 이야기로, 수천 년 전의 인류와 현재의 인류의 뇌세포를 비교해서 현대쪽이 우수하다는, 즉 진화됐다는 과학상의 증거는 없다. 뇌(腦)의 중량으로 말하면 네안데르탈인 쪽이 무겁다.

이같은 것 때문에라도 과학기술의 급격한 발달에 따른 인간 생활의 환경변화라는 것을 생각하면, 이 백 년 동안이라는 기간은 인간의 생리 균형이 급속히 붕괴되어 가는 시기라고 지적하지 않을 수 없다.

확실히 의학 쪽도 진보해서 위(胃)가 나빠지면 위약이 있고, 간장이 나빠지면 간장약도 있다.

하지만 모든 내장을 나쁘게 하는 근본적인 원인은 인간의 생리 균형의 붕괴적인 현상에서 오고, 그것을 해결하는 방법은 그럭저럭 수면을 충분히 취하는 것 외에는 없다고 하면 우리들은 과학기술의 진보에 머리를 경주(傾注)하는 것과 똑같은 에너지를 수면에 쏟지 않으면 안될 것이다.

하지만 우리들은 수면 따위는 누구나가 옛날부터 보통으로 여겨 왔기 때문에 밤에는 자연 좋은 것이겠지 하는 정도의 인식이며, 전혀 수면 체계라는 것은 변화하지 않는다.

생활의 체계가 이 정도 급격히 변화하고 있는데, 자는 것에 관해서 몇 만 년 지녀온 체계를 구태의연하게 그대로 사용하고 있는 상태인 것이다.

이것으로 어딘가 상태가 나빠지는 것은 당연한 일로, 인생 80은 커녕 40이 될지도 모른다.

이미 십수 년 전에 내 친구인 T씨는 "식품 첨가물이나 농약 등의 오염물질의 영향에 의해 지금부터 태어날 아기는 약 35세 정도밖에 살지 못할 것이다."라고 예측할 정도이다.

이 '인생 80년 시대'를 구가한 문구가 얼마나 기만적인 것인가에 대해 결론을 말하면,

①공해·농약의 영향, ②식생활의 변화, ③신체를 움직이는 것 ④정신력.

이 네 가지에 대해서 상세하게 분석하고 생각한 결과, 현재 우리

나라 사람의 수면에 있어서 이것들은 모두 마이너스 요인이고, 의학의 진보라는 플러스 요인을 제외하고서라도 전체로서는 장명화(長命化)는 커녕, 급속히 단명화(短命化)가 진행되고 있다는 것이다.

2 자기 암시법으로 '뇌력(腦力)'을 생각대로!

머리 나쁜 상태를 해소하는 '자기 암시'

머리가 좋아진다는 것은 어쨌든 인간은 오래 살아 활동하고 활동한 결과를 세상에 내놓고, 그것이 평가되어 비로소 '머리가 좋다'는 것이 되는 것이므로 일찍 죽어서는 본전도 못찾는다.

조사(早死)의 원인은 깊이 파고 들어가면 내장 장해이고, 내장을 강화하는 방법은 수면밖에 없다고 하면 우리들은 조급히 시대에 대응한 수면 체계를 개발하지 않으면 안될 것이다.

앞장에서도 말했지만, 하루 종일 머리를 풀(full)로 활동시키기 위해서는 밤새 충분히 자두어야만 하는 것이다.

진자(振子 ; 흔들이)는 한쪽으로만 흔들리는 일은 있을 수 없는 것이다. 낮의 진자를 확 틀기 위해서는 밤의 진자를 확 돌려 준다. 이것이 내장 강화의 비결이며, 나아가서는 머리를 좋게 하는 비결인 것이다.

확실히 세상에는 선천적으로 잠이 잘 오는 사람이 있어 자동차나 전차에 타면 금세 십 분이나 이십 분 숙면하고, 밤에는 반대로 충분히 잔다는, 내 입장으로서 보면 경이적인 능력을 갖고 있는 사람도 없지는 않지만, 전체적으로 보면 잠을 잘 못자는 사람이 늘고 있다.

그런 사람은 그 사람 나름대로 자기 위한 공부가 필요하고, 방의 문제, 베개, 이불, 소리, 그리고 빛 등의 조절 등 모든 것이 연관되어 있는데, 이번엔 '암시'라는 것을 생각해 보자.

나는 자는 것이 늘 골칫거리여서 자기 위한 방법에 대해서는 다른 사람들에게 들은 것이나, 책에서 본 것, 스스로 연구한 것 등 모든 것을 실제로 시험하고, 그 방법을 하나하나 써놓으면 '수면법'의 노하우 책이 한권 생길 정도인데, 최종적으로 가장 효과적이라고 생각한 것이 이 '자기 암시법'인 것이다.

이 자기 암시법을 일찍부터 알았으면, 학교 생활을 할 때 시험 전에 전혀 잠 잘 수 없는 고통으로 '머리 나쁜 상태'로 문제와 씨름하는 최악의 상황은 아니었을 것이라고 생각한다.

시험으로 매우 고생한 경험이 있어서인지 10년 전 쯤에 주간지에 '입시돌파 작전' 등이라는 연재물을 쓰기도 했는데 이 '작전'의 주가 바로 자기 암시법이기도 하다.

대만에도 있었던 방법

이 연재를 시작한 수년 전의 일인데, 나는 K를 따라서 대만에 간 적이 있었다. 그때 K씨는 "시험에 합격한다는 절이 있는데, 보러 가겠습니까?"하고 말했다. 나는 대단히 흥미가 생겨 꼭 보고 싶다고 했다.

그야말로 대단히 떠들썩한 절이었는데, 입시에는 관계없어 보이는 노인(손자가 입시생일까?)에서부터 젊은이들까지 많은 남녀가 모여 있었다.

먼저 절 입구에서 향다발을 산다.

향에 불을 붙여 그 다발을 아래 위로 돌리면서 귤 한 조각과 같은 모양을 한 작은 나뭇조각을 손에 2개 잡고, 향과 같이 돌린다.

돌리면서 뭔가 소리내어 읽는다.

중국어라서 알 수는 없지만, 소원대로 되게 해달라는 의미로 정하고 있다. 그리고 이 나뭇조각을 2개의 지면 위에 던진다. 양쪽 모두 겉쪽이 나오면 길(吉)이다. 한 개씩 겉과 안이면 흉(凶)이 다.

재미있는 것은, 길이 나온 사람은 거기에서 안쪽에 선향을 세워 싹하고 끌어 올리지만, 흉이 나온 사람은 향을 또 사 입구에서 다시 해야만 한다.

몇 번이고 길이 나올 때까지 향에 불을 붙여 그것을 나뭇조각과 함께 돌리면서 바라는 것을 외고, 또 던진다.

길이 나오면 겨우 향을 끌어 올릴 수가 있는 것이다.

K씨가 "미신이예요."하고 내게 말하기에, 나는 진지하게 "아니오. 매우 합리적입니다."라고 답했다.

실로 탁월한 자기 암시법의 하나라고 생각했기 때문이다.

'최면술'은 과학적인 암시법이다

자기 암시법은 전문 용어로는 '자기 훈련법'이라고도 하는데, 내가 '암시'를 본격적으로 공부하게 된 것은, 조직공학 연구소를 만들고 나서의 일이다.

마침 그때 한 대학의 의학부에서 박사가 주최하는 최면 심리학회의 공개로 연구내용을 발표하여 나는 일주일 간 그 강좌를 들었던 것이다.

그래서 나는 흔히 말하는 최면술사의 자격을 갖고 있다. 최면

심리학에 대해서 강의를 받은 것 뿐만 아니라, 두 사람씩 짝을 지어 서로 최면술을 거는 시험까지 있어 거기에 합격하여 졸업증명서도 받은 것이다.

덧붙여 말하면, 머리가 좋아지는 비결의 하나는 자신이 흥미가 있는 테마가 있을 경우, 책을 읽는 것도 물론이지만 모든 방면의 강습회가 열리고 있으므로 그것을 이용한다. 최면 심리학의 경우는 영리목적의 강습회는 아니었지만, 가령 얼마간의 돈을 지불하고라도 자신의 호기심을 채울 수 있는 것이 있으면 적극적으로 참가해보는 것도 대단히 효과적인 방법이다.

책으로 읽어 알 수 있을 것 같은 기분이 들어도 실제로 하는 것과 하지 않는 것과는 상당한 차이가 있다. 그것이 강습회에 참가하는 것에 의해서 이론에서 실천의 단계로 나아가는 것이다.

최면 심리학회에서 열렸던 Y선생의 강의에서 재미있었던 점은, 잔다는 것은 우선 머리의 꼭대기에 모여 있는 전기를 방전(放電)시켜야 한다는 것이었다.

스트레스를 없애는 것은, 즉 머리의 방전이라는 설은 정말 흥미 깊었다.

Y선생은 실제로 그 이론에 기초해서 어느 회사에 암시법 레코드를 내게 되었다. 이 암시법이 흔히 말하는 최면술이고, 아시는 바와 같이 말을 사용해 암시를 거는 것이다.

자주 "나는 최면술 따위에는 절대로 걸리지 않아."하고 소리치는 사람이 있는데, 최면술은 말을 이해할 수 있으면 반드시 걸린다.

즉, 개나 고양이는 걸리지 않는데, 자신은 절대 최면술에 걸리지 않는다는 사람은 자신이 언어계의 전달수단을 가진 고등동물인 인간이 아니라고 고백하고 있는 것과 같다.

머리 좋은 사람일수록 잘 걸린다고 하지만, 거의 대부분이 사실인 것이다.

이 최면술은, '술(術)'이라는 말을 사용하기 때문에 인술(忍術), 검술(劍術) 부류와 같이 어딘가 수상쩍은 인상을 갖게 되지만, 정확하게 말하면, 암시법이고 현재에는 심리학적으로나 의학적으로 연구하는데 애쓰는 분야여서 누구 한 사람 체계를 의심하는 사람은 없다. 과학적 합리성에 기인한 방법인 것이다.

하지만, 과학적이라는 것만으로 악용된다면 큰일이다. 예를 들면, 실제로 있었던 사건으로 A라는 사람이 B라는 사람을 죽이고 싶어서 C라는 사람에게 암시, 즉 최면을 걸어 B를 죽인다.

C와 B는 전혀 관계없는 사람이었으므로 동기 불명, 정신병으로 불기소되고, 물론 A는 사건의 표면에 모습조차 나타내지 않는다.

이런 무서운 일이 되는 것이다.

살인도 두렵지만, 각국의 첩보기관에서도 이 분야는 계속 연구되고 있어 스파이를 이용해 상대편의 기밀문서를 훔치는 경우에 자주 쓰여진다.

즉, 기밀문서를 읽히기 직전에 키워드를 사용해 암시를 거는 것이다. 이 암시를 걸어 두고, 문서를 전부 암기시켜 버린다. 본인도 키워드를 알 수 없기 때문에 설령 상대편에게 붙잡혀 고문을 당해도 절대로 자백할 염려는 없다.

이 방법은 어떤 종류의 최면제와 암시법을 병용해서 행해진 것이지만, 이것이 확대되면 상대편도 이번에는 최면 자백법 등을 개발하여 끝도 없이 될지 모른다.

암시법은 이 정도로 유효하다!

내가 여기에서 스파이 소설의 의문을 풀어줄 작정은 아니므로 이 정도로 그만 두지만, 암시법으로도 다른 사람을 최면시킬 수 있으며 이것은 대단한 해(害)가 생긴다. 까딱 잘못하면 정신장해를 일으킬지도 모른다.

예를 들어 간단한 방법으로도 잠이 잘 오지 않는 사람에게 이 타자최면(他者催眠)의 암시법을 이용해 "당신은 자게 됩니다. 몸이 점점 나른해 올 것입니다. 눈꺼풀이 점점 무거워질 것입니다."라고 하는 것만으로 상당한 폐해가 생긴다. 타인의 의지로 움직이는 것이고, 돌이킬 수 없는 실수를 일으킬지도 모를 뿐만 아니라, 단순히 수면만을 생각해도 타인에게 부탁하지 않으면 잘 수 없게 돼버리는 것이다.

나는 지금까지의 연구와 경험에서 암시법은 자동 **암시**, 즉 자기 암시법에 한해서 사용해야만 한다고 생각한다.

이것은 최면심리학회에서의 결론이기도 하고, 그 후에 의학관계나 심리학 관계의 여러 가지 책을 읽고 난 결론이기도 하다.

첫 번째로
머리를 풀 회전시키는 비결

'범의 날개', 이렇게 편리한 방법은 없다

암시법을 바르게 이해하고, 스스로 자신에게 암시를 거는 것을 마스터하면 자신도 믿을 수 없을 만큼의 효과가 나오는 것이다. 우선 수면에 관한 이야기부터 해보자.

Y선생의 이야기를 그대로 인용하면, 우선 몸을 수평으로 하고, 즉 이불 위에 누우면 좋은데, 마음을 편안하게 한 후에 "발가락이 따뜻해진다." 라는 말을 입으로 반복한다. 머리 속으로 암창(暗唱)해도 좋지만, 나의 경험으로는 소리 내어 외는 쪽이 효과적인 것 같다. 다음으로 발 끝에서 점점 위로 올라와 "무릎이 따뜻해진다", "넓적다리가 따뜻해진다", "배가 따뜻해진다"하고, 순서대로 옮겨 간다.

여기에서 중요한 점은, "심장이 따뜻해진다"고 해서는 절대로 안된다는 것이다.

심장이 따뜻해져, 즉 피가 모이게 되면 동계(動悸)가 격렬해져서 잘 수 없게 돼버리므로 심장만은 빼고 암시를 걸어야만 한다. 그리

78

고 마지막에 목에서 머리로 가 "당신은 몸 전체가 나른해져서 이제
곧 잘 것입니다."가 되는 것이다.

이것이 자기 최면술로서, 즉 말에 의한 자기 암시법인데, 수면에
관해서는 앞장에서 여러 가지 말했듯이 시계를 멈춘다거나 방을
어둡게 하는 등의 것도, 일종의 암시법이라고 할 수 있다.

거기에 또 하나 조건반사(條件反射)가 더해진다. 조건반사라는
것은 과거에 이렇게 하면 이렇게 됐다는 것이 스트레스 행위와
결부되는 것으로 여기에 대해서는 나중에 상세히 언급하겠지만,
예를 들어 나의 경우를 말하면, 파도소리, 냇물 흐르는 소리 등이
들리는 방에서는 잘 잔다. 이들의 소리=수면이라는 도식이 조건반
사가 된다.

이러한 조건반사의 요소도 있지만, 인간의 행위에는 실로 자기
암시가 효과적이다. 예를 들면 조건반사가 되면 마이너스 요인의
환경에 놓여진 경우, 완전히 마이너스의 효과밖에 얻을 수 없게
되지만, 암시법은 그렇지 않다.

어떤 환경에 놓이더라도, '나는 이렇게 될거야'하고 생각하고,
생각한 대로 하게 되므로 이런 편리한 방법은 없다. 범의 날개 이상
인 것이다.

최근에는 별로 하지 않지만, 14,15년까지는 자기 전에 '자, 자자!'
하고 큰 소리로 호령을 붙인 것이다.

큰 소리로 호령을 붙이면 오히려 흥분이 되어서 잘 수 없게 된다
고 생각하기 쉽지만, 오히려 정말 잘 잘 수 있으니 이상한 것이다.
거짓말이라고 생각되면 잠이 잘 안 오시는 분은 한두 번 해보면
그 만큼의 가치는 있다고 믿을 것이다.

불가능을 가능하게 하는 '마법'

왜 자기 암시법이 효과가 있는가인데, 인간의 신체 구조는 수의근(随意筋)으로 움직이는 것과 불수의근(不随意筋)으로 지배되고 있는 것, 두 종류에 신경계통이 분류된다는 것은 잘 알고 있는 대로이다. 즉, 자려고 생각하고 눈을 감는다. 이것은 수의근의 움직임에 의한 것이기 때문에 누구라도 간단히 할 수 있다. 하지만 눈을 감으면 잘 수 있는가 하면, 그것은 전기의 스위치를 끄는 것과는 사정이 달라서 그렇게 간단히 잘 수 있다고는 할 수 없다.

수의근이라는 것은 자신의 의지와 힘으로 움직일 수 있는 신경계통이지만, 불수의근이라는 것은 의지력이 없어 어떻게도 할 수 없는 신체의 부분인 것이다.

예를 들면, 자신의 의지력으로 '배가 고프다'는 것은 좀처럼 되지 않는다.

이와 같이 의지력으로 무리하게 잔다는 것은 절대로 불가능한 것이다.

그렇지만, 이 자신의 의지로 움질일 수 없는 불수의계의 신경을 움직이려고 할 경우, 자기 암시라는 언어계의 체계를 동원하면 상당히 좋아진다.

나의 경우, 서툰 주제에 덮어놓고 좋아해서 첼로를 켜거나, 예술학원에 들어가 클래식 발레 등을 한 탓으로 무대에 설 기회가 매우 많았는데, 이런 경우 실로 자기 암시법은 유효한 것이다.

아무리 프로라도 정식으로 무대에 서면 누구나 흥분하는데, 그 흥분하는 긴장감이 없으면 예술이 아니다. 사람을 감동시키는 예술이 될 수 없다는 설이 있을 정도로 떠는 것 자체는 나쁘지 않지만, 그 결과 예술 자체가 엉망진창이라면 끝장이다.

그 점에서 흥분한다는 것에 있어서는 남에게 뒤떨어지지 않는 나이기 때문에 첼로나 발레에서 정식전 리허설 때 등은 이제 완전히 뒤끝이 시원찮아 흉한 모양이 된다.

똑바로 간 예가 없다.

동료들이 괜찮느냐고 정말로 걱정들을 해줄 정도이다. 리허설에서 실패하기 때문에 보통 생각해도 정식전에서 잘 할 리가 없는 것이다.

하지만, 나의 경우는 다른 것이다.

시간이 되어 무대 한 가운데에서 조명을 받는 순간, 당당해져 크게 변신해서 전연 실수 없이 첼로를 켜는 것이다. 동료들은 이상히 여겨 나를 '실전에 강한 사람'이라고 경의를 표해 불러줄 정도이다.

왜, 이런 '예당(禮當)'이 생겼는가 하면, 전날 밤에 암시를 걸어 두는 것이다.

'내일 몇 시부터 몇 시까지 너는 ○○홀 무대에 선다. 연습에서는 잘 켜지 못한 곳도 있지만, 그것은 연습이기 때문이고 실전이 되면 어려운 곳도 아주 훌륭히 켤 수 있다'이런 식으로 자기 암시를 걸어 두는 것이다. 그러면 그 암시가 효과를 발휘하여 그 시간에 그 장소에 서면 전혀 떨지 않게 되고 거꾸로 굉장한 집중력이 발휘된다는 것이다.

좀더 자세히 자랑을 털어 놓으면, 무대에 서는 시간이라는 것은 대개 꽤 이전부터 정해져 있는 것이기 때문에, 예를 들어 오후 7시부터 8시까지의 한 시간 가운데 30분이라고 한다면, 며칠 전부터 그 시간대에,

'나는 절대로 한 군데도 실수 없이 켤 거야.'라고 암시를 걸어 두는 쪽이 좋다. 이렇게 하면 같은 시간이 되었을 때, 자연스럽게 몸이 움직이게 되는 것이다.

회의 때가 되면 아이디어가 무진장 생긴다

이와 같이 암시법의 효과가 절대적인 것은 단순히 수면을 충분히 취하는 것에 그치지 않고, 일어나는 시간대에 최대한으로 힘을 발휘할 수 있다는 것이다. 대개 보통 샐러리맨 생활을 하고 있는 사람이라면, 수면시간을 뺀 모든 시간 가운데 생각하고 생각하고 생각해낸다는 것은 있을 수 없다.

회의 때에 좋은 아이디어를 내거나, 혹은 일의 개선 계획을 만들 때에 좋은 안건을 낸다. 무언가 일과 관계가 있을 때에 아이디어를 짜내는 사람이 우수한, 즉 머리 좋은 사람으로 되어 있다.

결국, 머리의 능력이라든가 '뇌력(腦力)'을 발휘해야만 할 타이밍이라는 것은 미리 생활 시간대 속에 세팅되어 있는 경우가 상당히 많기 때문에 그 타이밍에 맞도록 뇌력을 움직이는 타임 스위치를 장치해 두면 좋은 것이다.

이것이 '실전에 강해지는 방법'의 특징이고, 예를 들면 입학시험이라는 것을 생각해 보아도 실전, 즉 입학시험 당일에 머리가 좋으면 좋은 것이다.

스포츠도 아주 똑같다.

예를 들어 고교 야구를 생각해 보아도 극단적인 이야기로, 시합이 있는 것은 1년 중에 단 하루이다.

게다가 그 하루 중 시합하는 시간은 고작 2시간이나 3시간으로, 2시간이나 3시간 동안에 투수는 정확한 피칭을 하면 좋은 것이고, 타자는 히트를 치면 좋은 것이다.

물론 평소 게으름만 피우고 있는 사람이 그 때만 돌연변이를 일으켜 능력을 발휘한다는 것은 있을 수 없기 때문에 일상의 훈련은 필요불가결하지만, 요는 평소의 실력을 실전에서 발휘할 수 있는지 어떤지에 승부가 걸려 있는 것이다. 샐러리맨의 회의를 예로 들면 새로운 아이디어를 내야만 할 때에 다른 사람의 이야기를 차례로 들으면서 반응이 나와 주면 좋지만, 회의가 끝난 다음 날이 되어 '아, 생각났다'는 것은 아무 것도 되지 않는다.

역시 사회인인 경우라도 머리가 좋은 사람으로 평가받기 위해서는 머리가 좋음을 언제 발휘하면 좋은가, 그 타이밍을 생각하는 것이 중요한 테마로 되어간다.

정신력이 부쩍부쩍 강해진다

머리가 좋아지기 위한 훈련법으로 조건반사법과 자기 암시법, 2가지의 방법을 소개했는데, 또 하나, '정신력'을 부가하지 않으면 안된다. 조건 반사법과 자기 암시법도 그 자체만으로 초능력을 발휘하는 것이 아니라 최종적으로 가면, '아무튼 끝까지 해내는 것이다'라는 것이 무엇인가 하는 점은 대뇌생리학을 아무리 해도 설명할 수가 없다. 또한 자연과학 분야로도 최종적으로 정신력이라는 것을 해명할 수 없다.

자연과학이라는 것은 객관적으로 사물을 분석해서 결론을 내는 입장이므로 이 입장에서 정신력은 무언가 테마에 몰두하면 아마 결론이 나오기 전에 자연과학쪽이 이상하게 되어 버릴 것이라고 나는 생각한다.

그렇지만, 인간이 산다는 것은 과연 무엇인가 하는 점을 생각할 경우, 아무래도 정신력을 빼고 생각할 수는 없는 것이다. 과학적으로 증명할 수 없다고 해서 상대하지 않을 수 없는 일이다.

안되기는 커녕, 모든 방법론의 전제가 되어 있는 것이 정신력이고, 그 훈련법, 강화법이 체계화 되면 인간이 이 세상을 살아나가기 위한 제사만단(諸事万端)의 99%는 해결했다고 해도 좋을 정도라고 생각한다. 그 점에서 말하면, 머리가 좋아지는 방법의 99%는 정신력의 단련이라고 해도 좋다. 마지막까지 완수한다는 근성, 지속력, 그 지속력을 유지하기 위한 자제심 그리고 자기 조절 능력들을 일괄해서 정신력이라고 하는데, 무슨 이유에서인지 우리나라의 교육 체계 속에는 이 정신력과 의지력을 강하게 한다는 훈련법이 완전히 빠져 있는 것이다. 적어도 학교 교육 체계에는 유치원부터 대학까지 완전히 없다. 있는 것은 텔리비전이나 만화의 스포츠 근성 일뿐이다.

신체의 훈련법이라는 것은 지긋지긋할 정도로 있는데, 정신력 단련법을 가르쳐 주는 학교나 강좌, 또 TV 교육 프로그램은 거의 만날 수가 없다. 겨우 요가라든지 좌선(座禪)을 가르치는 도장이나 프로그램은 있지만, 그렇다 해도 명상이나 심오(心悟)한 면만으로 스포츠가 채워져 적극적인 정신력의 강화라는 중요한 부분이 빠져 있는 경향이 있다.

이 정신력 강화법의 하나가 여기에 소개한 자기 암시법으로, '절대로 혼자서 해낼 것이다. 틀림없이 해낼 거야'라고 암시를 걸고, 그 암시에 따라 실행을 성공으로 이끌며, 그 성공 체험의 축적에 의해 큰 자신감이 생기게 된다.

이 자신감이야말로 정신력의 중요한 요소이며, 이 시스템을 어떻게 만드는가가 머리를 좋게 하는 비결이다.

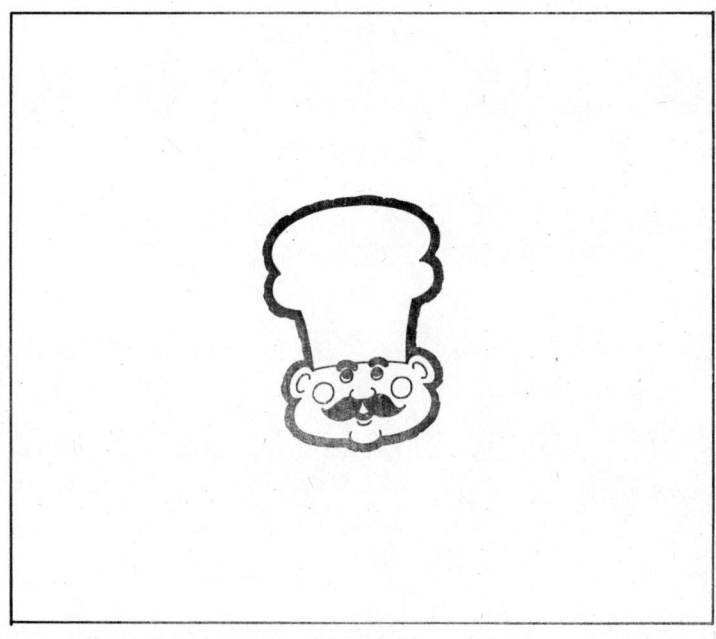

3
이 의식이
당신의 능력을 비약시킨다

● 이스라엘 사람이 머리 좋은
이유는 여기에 있다!

'무엇을 위해'를
생각하면 머리가 좋아진다

우선 '나 자신을 위해'라는 발상을 버리자

나의 「역전의 발상」시리즈가 롱 셀러가 되었기 때문은 아니지만, 여기에서는 '머리가 좋아지는 방법'이라는 발상을 역전시켜 생각해 보고 싶다.

즉, 무엇 때문에 머리가 좋아지고 싶은가라는 목적 또는 목표에 대해서이다.

그런 것을 결정하는 것의 예를 들면 다음과 같다.

1. 입학시험의 난관을 전부 돌파하기 위해

2. 사법 시험, 의사 시험, 상급 공무원 시험에 남보다 빨리 합격하기 위해

3. 일류회사의 취직 시험에 합격해서 엘리트 코스를 밟고, 게다가 동료와의 출세경쟁에서 이기기 위해

4. 이상 모두를 일괄하여 성공자로서 돈을 벌기 위해

"그 때문에 머리를 좋게 하고 싶은 거야."

이런 대답이 되돌아올지 모른다.

　머리를 좋게 하고 싶은 목적이 무엇이든, 이것은 인생 철학이랄까 인생의 문제이므로 개인의 사고방식을 억누르려고는 전혀 생각하지 않지만, 결론부터 말하면, 너무 자기 자신만을 위해 머리가 좋아지고 싶다고 생각하지 않는 쪽은 나쁘지 않은가 하는 것이다.

　자기 개인의 출세나 돈을 벌기 위해 머리를 좋게 하려는 발상이 아닌, 좀더 특별한 차원의 가치관에서, 예를 들면 세상을 위해서라든가, 인간을 위해서라든가, 자신 이외의 무언가를 위해서 머리를 좋게 하고 싶다고 생각하면 어떨까 하는 것이다. 따라서 이것은 나 혼자만의 제안이다. 세상을 위해서나 인간을 위해서라고 하면 시대착오라는 사람도 있을지 모르지만, 결코 그렇지는 않다.

　원래 인간에게는 두 가지의 본성이라는 것이 있는데, 하나는 이기심, 또 하나는 이타심이다. 이 용어는 불교 용어로 쓰여질 정도로 난해하므로, 연대감(連帶感)과 대치해본다.

　먼저 이기심인데, 이것은 매우 알기 쉽다. 인간은 누구나 자기 보존, 자기 방위의 본능을 가지고 있고, 타인을 밀어 젖히고서라도 자신만은 살아 남으려는 경쟁정신이 반드시 있는 것이다.

　이와 동시에 인간에게는 타인에 대한 애정이라는 것도 있어 자신이 살기 위해서는 타인을 돕지 않으면 안되고, 또 타인의 도움 없이는 자신이 살아갈 수 없다는 연대감이 있다.

　즉, 모든 인간은 이 이기심과 연대감이라는 두 가지 서로 모순된 본성을 가지고 있는 것이 보통의 상태라고 말할 수 있다. 여기에서 내가 왜 연대감 쪽을 지루하게 자꾸 되뇌이는가 하면 이기심의 근원이 되는 자기 보존 본능이라는 것은 대단히 강력한 본성이고, 그대로 방치하여도 소모하지 않게 돼버리는 성질의 것이 아니기 때문이다.

　오히려 방치하면 그것이 점점 확대되어 타인이 가난해질지 곤란할지 자신만 돈을 벌면 좋다는 식이 될지 모르는 성질을 가지고 있다. 이 강력한 이기심이라는 것은 엑셀을 밟는 것 보다는 브레이크를 밟으면서 제어하지 않으면 안되는 것인데, 만약 그렇지 않으면 한없이 폭주(暴走)해버리는 것이다. 한쪽의 연대감은 공교롭게도 자동적으로 가속(加速)하는 장치로는 되어 있지 않고, 오히려 이기심 쪽이 브레이크 역할을 하고 있다.

결국, 이 엑셀과 브레이크의 균형을 잘 맞추기 위해서는 의지력을 갖고 자신을 위해 무슨 일인가를 하는 것이 아니라, 다른 사람을 위해 하는 것이라고 늘 의식하는 것이 필요하다. 이쪽으로 엑셀을 크게 밟아야 하는 것이다. 그래야만 비로소 균형이 맞는다.

상대성 이론을 생각해 낸 원동력

예를 들어 아인슈타인이라는 한 천재를 생각해 보자.

잘 아시는 바와 같이 그는 상대성 이론을 발견한 인물인데, 그때까지는 마이켈손=모리의 실험이라는 것이 주류였다.

그 이론을 간단히 설명하자면, 예를 들어 버스가 한 대 달리고 있고, 맨앞자리 사람과 맨뒷자리에 있는 사람이 볼을 주고 받고 있다고 하자. 이 경우, 뒷사람이 앞사람에게 던지는 볼의 속도와 앞사람이 뒷사람에게 던지는 속도는 같다.

버스가 시속 60킬로 속도로 달려가도 앞사람이 던지는 볼에 60킬로의 브레이크가 걸리는 것은 아니며, 뒷사람이 던지는 볼에 60킬로의 가속이 붙는 것도 아니다. 이것은 버스라는 공간 안이 달리고 있기 때문이라는 것으로 설명된다. 하지만, 버스 두 대가 달려 갈 때, 앞버스와 뒷버스에서 서로 볼을 주고 받고 할 경우, 양자의 볼 속도는 분명히 다르다.

즉, 양쪽 모두 60킬로의 속도로 달리고 있다고 하면, 양쪽 차의

거리에 달려 있지만, 앞차에서 뒷차에 볼을 던질 경우, 힘껏 던지지 않고 훌쩍 창 밖으로 던지는 것만으로도 뒷차가 따라와서 잡을 수 있는 것이다.

같은 버스 안에서 서로 던지면 속도가 같은데, 두 대의 버스에서는 다르다.

그러면, 두 대의 버스를 연결하면, 단적으로 말해서 아주 긴 버스를 만들어 공을 주고 받고 하면 어떻게 될까.

이 문제를 근본적으로 해결하지 않으면, 물리학의 기본법칙을 알 수 없게 된다.

이 경우, 볼의 속도를 빛의 속도로 대치했는데, 이 연구를 한 것이 마이켈슨=모리의 실험으로, 결론부터 말하면 제 아무리 긴 버스 속에서 제아무리 버스가 속도를 내도 동일 공간 안에 있어서는 앞쪽에서 나오는 빛의 속도와 뒤쪽에서 나오는 빛의 속도가 같다는 것이 되는데, 왜 그런 이상한 현상이 일어나는가 하는 설명은 오랫동안 없었다.

이것을 이론적으로 증명한 것이 아인슈타인인 것이다. 이것은 어디까지나 추측이지만, 그가 왜 상대성 이론을 발표했는가를 생각해 보면, 이유가 있다고 생각한다. 그는 유태계이고, 게다가 독일 국적을 갖고 있었다. 그 당시는 히틀러의 유태인 대학살 사건이 일어났었고, 실제로 육백만 명의 유태인이 아우슈비츠 등의 가스실이나 그외의 방법으로 죽어갔다.

아인슈타인도 강제 수용소에 보내는 리스트에 들어 있어 조금만 미국으로 도망치는 시간이 늦었다면, 이 천재도 아우슈비츠에서 죽었을 것이라는 기록도 남아 있다.

이 히틀러에 의한 유태인 대량 학살, 호로코스트는 아인슈타인에게 격렬한 충격을 주었을 것이다. 왜냐하면, 그는 자신이 높은 업적

을 올려 독일이라는 나라에 공헌을 하면 동포인 유태인 전체가
이 국가에서 살아갈 수 있으며, 또한 높은 평가를 받고 살아 남을
수 있다고 생각했기 때문에 그 획기적인 상대성 이론을 완성시킨
것이 아닐까. 자신이 독일을 위해 도움이 되면, 그것은 곧 유태인
민족 전체에도 도움이 되는 것이었다.

하지만 히틀러의 행동은 완전히 거꾸로였다. 아인슈타인이 독일
의 명성을 높이기 위해 필사적으로 활동했음에도 불구하고 히틀러
는 유태 민족의 절멸작전(絶滅作戰)을 실시했다.

아인슈타인의 절망과 분노가 얼마나 컸는지 상상이 간다.

그 분격에서 원자폭탄이 생기고 그것이 자신들의 종족을 학살한
증오스런 독일에게 타격을 주었겠지만, 그것을 완성했을 때는 이미
독일은 항복하고 히틀러는 죽어 버렸기 때문에 독일에 떨어뜨려야
할 원자폭탄이 일본의 히로시마와 나가사끼에 내리고 말았지만,
아인슈타인의 경우는 유태 민족을 위한다는 것이 모든 전제가 되어
있던 것이 아닌가.

여기에서 생각해도 위대한 일을 완수하는 목표나 목적은 가능한
큰 쪽이 좋다는 결론이 나온다.

아인슈타인은 물론 머리가 좋다는 면에서는 확고한 신념이 있는
인물인데, 머리를 좋게 하려고 노력하는 우리들도 그에게 배워 가능
한 한 큰 목표를 세워 머리를 좋게 하는 것이 어떨지.

'가르치기 위해' 공부한다면 효과는 만점

발상은 큰 쪽이 좋다. 무엇을 위해, 누구를 위해 머리를 좋게
할까. 우선 첫째로 인류 전체를 위해, 두 번째는 자신의 국가나 민족
을 위해, 세 번째는 자신이 속해 있는 회사나 주위 사람에게 도움이
되기 위해, 네 번째는 자신의 가족, 그리고 마지막으로 자기 자신을

위해서로 되는 것이 바람직하다.

정(情)은 타인을 위해서 있는 것이 아닌 것처럼 머리도 최종적으로는 자기 자신을 위해서가 되는 것이다.

내 자신의 경험으로 말하면 어릴 때부터 나는 부모로부터 자신의 머리는 남을 위해 사용하는 것이다라는 교육을 받고 자라온 사람의 하나이다.

스스로 말하는 것은 우습지만, 국민학교 때부터 성적은 좋은 편이었다. 그러나 덜렁덜렁한 것에서는 남에게 뒤지지 않아 산수계산 등에서는 단순한 계산 실수를 잘해 어머니로부터 혼이 났다. 때문에 나는 머리가 좋다는 것보다는 전체적으로 성적이 좋았다고 해야 할지 모른다. 국민학생 시절에 한해서 말하면 학교 성적으로 고생한 경험은 없다.

또한 숙제를 끝내는 데에 시간을 끌어 고생한 경험도 없다.

하지만 내 주위에서는 더 고생하는 친구들이 있어 어머니로부터 "이웃집 누구가 숙제로 고생한다. 함께 공부해 줘라."라는 말을 들어 우리집으로 부르거나 혹은 여기 저기 나가 숙제를 한 적이 있다. 즉, 나의 어머니가 평소 내게 말한 것은, "얘야, 내일 학교에 가서 선생님이 말씀하시는 것을 잘 들어 두지 않으면 이웃집에 사는 누가 물으러 왔을 때, 대답을 할 수 없다. 모두가 곤란해."라고 하셨다. 어머니는 자신의 성적을 올리기 위해 노력하라고 말한 적은 한 번도 없으셨다.

세상 모두를 위해, 다른 사람을 위해 하라는 그러한 교육을 받아 왔기 때문에 어렸을 때부터 주위 사람에게 도움이 되기 위한 공부를 한다는, 무엇인가를 한다는 사명감 같은 것이 심어져 있었던 것 같다. 말하자면, 국민학교 때부터 가정교사를 해온 셈이고, 이것이 중학교, 고등학교가 되면 프로가 되어 월급을 받게 되는 것인

데, 보수를 받는 것은 대단히 의의가 있었지만, 의식으로서는 미미한 것으로 오히려 다른 사람을 위해 공부하여 그것을 가르친다는 것쪽이 압도적으로 컸었다. 의식으로서는 그러했지만, 월급을 받는 것은 가계상의 요청이기도 하고, 7명이라는 아이들이 군대에 간 두 명의 동생을 빼고는 전원 다 대학에 진학한 것도 각자가 고교 때부터 대학에 걸쳐서 가정교사를 했던 덕택이라고 생각한다. 5명의 형제가 전원 부모 덕으로 대학에 진학할 수 없었던 만큼 우리집의 가계(家計)는 그리 풍부하지만은 않았을 것이다.

누구의 마음에나 있는 '파우스트'의 유혹

내가 머리가 좋아지는 목적이나 목표 등 말하지 않아도 좋을 것을 장황하게 이론을 늘어 놓는 것은 이러한 경험이 있기 때문이고, 인간이라는 것은 이상한 생명이어서 자신을 위한 욕심은 깊으면서도 노력은 아끼는 법이다. 하지만 타인을 위해서라면 책임감이나 사명감이 생기기 때문에 게으름만은 있어서는 안되는 것이다.

실제로 나는 국민학교 때부터 가정 교사를 하고 있으면서 자기 자신을 위한 공부는 골칫거리였다.

특히 시험을 위한 공부가 고통이어서 어딘가에서 시험공부의 진수는 자기와의 투쟁이다라고 썼었다.

자신의 결점, 약점으로부터 눈을 딴 데로 돌리려고 하는 '도망'의 자세와의 싸움이다. 나 뿐만이 아닐 것이라고 생각하지만, 자신과의 싸움이라는 것은 상대가 눈 앞에 있으면 오기로라도 도망갈 수 없는 경우가 많지만, 상대가 자기 자신 뿐이라면 정체가 보이지 않는다.

'뭐, 좋아. 곤란한 것은 나야. 다른 누구도 곤란하지는 않아.'하고 타인에게 폐를 끼치지 않으면 무엇을 해도 좋다는 윤리관을 갖고

98

있어서는 안된다.

나 자신의 학교시절을 회고하면 중간고사, 기말고사, 입학시험, 모든 '시험'때가 되면 무턱대고 영화가 보고 싶어져 상당히 고생했다.

나는 당시부터 영화 팬이었다. 그 때는 또 후세에 명화로 불리워질 만한 훌륭한 작품이 잇달아 상영되었기 때문에 더욱 곤란했었다. 〈보제스터〉라든가 〈외인부대〉라든가 〈모던 타임즈〉라든가, 전전(戰前)의 명작이 집중적으로 제작, 상영되었던 것같다.

기분 탓인가, 영화를 보고 싶은 욕구는 시험 직전에 집중했던 것으로 기억된다. 하지만 의지력이 부족한 나라도 시험 직전에 영화를 보고 있으면 어떠한 결과가 될까 하는 정도는 대강 안다. '기다려, 기다려. 시험이 끝나고 나서다'라고 일단은 자신에게 좋게 말한다. 하지만 다른 한쪽의 달아나고 싶은 자신이 명화감상을 훌륭한 명분으로 내세워 입을 뽀로통하게 내밀고 말한다.

'영화는 일주일 간격으로 바뀌는 것이다. 지금 안보면 영원히 볼 기회를 잃는다. 단 두 시간이면 영화를 볼 수 있는 것이다. 그리고 이 두 시간에 감동하고, 만족하면 공부는 한층 더 능률이 오를 것이다. 시험만이 인생의 전부는 아닐 것이다. 시험은 시시한 것이다. 요컨대 하룻밤 쌓은 단순한 기억력의 테스트에 지나지 않는 것이 아닐까. 인간이 본래 가지고 있는 개성의 발휘나 창조력의 용출(湧出) 등이 시험 속에서 한 번이라도 단련된 예가 없다. 하지만 영화는 다르다. 영화는 예술이다. 진, 선, 미의 철학이다. 그 속에는 너를 자라게 하는 것이 있으며, 그것은 너의 인생에 영원히 남고, 또 그것이야말로 인생의 양(糧)이 되는 것이다.

게다가 너는 시험을 보지 않는다는 것도 아니다. 시시한 것은 충분히 알고 있고, 시험공부도 충분하다는 것이다. 단지 그 전에

영화를 단 두 시간만 보는 것이 그렇게 나쁜 것일까?'

얼마나 설득력이 있는 말이며, 얼마나 설득력 있는 발상인가. 인간은 '달아나기 위한' 이론을 만들어내는 천재이다.

나는 시험 전엔 언제나 명화가 보고 싶다. 기다리지 마라, 나는 지금 곧 보자라고 떼를 쓰는 자신과 기다려, 시험이 끝나면 반드시 보여줄 테니까 하고 달래는 자신, 두 가지의 자신과의 싸움이 있었다. 그러나 이상한 것은 시험이 끝나면 그렇게 가슴을 애타게 하던 영화 벌레는 온데 간데 없고 보고 싶다는 생각은 조금도 없게 되는 것이다.

인간의 마음에는 필시 언제나 '파우스트'의 유혹이 있는 것이라고 생각한다.

시험 등은 타인을 위해 보는 것이 아니라 정말로 자기 자신을 위해 보는 것인데, 자신을 위한다는 일은 의외로 어려운 것이기도 하다.

간호사가 '천사'로 보이는 이유

자기와의 투쟁심이라는 것으로 말하면, 꽤 오래 전에 〈록키〉라는 영화를 보고 굉장한 감동을 받은 기억이 있다.

한 복서가 운명의 변덕으로 챔피언에 도전하는 것인데, 그는 챔피언으로 승리하지는 않는다. 승리하지는 않지만, 자기 자신의 한계에 도달하여 자기와의 투쟁에서 승리했기 때문에 보는 사람의 마음을 울리는 것이다.

그 주인공은 확실하게 남자였다.

'과연, 남자답다는 것은 자기와의 투쟁에서 이기는 것을 말하는 것인가'라고 생각한다면, '여자답다'라는 것은 어떠한 것일까하는 문제가 생길 수 있게 된다.

　나는 전후(戰後), 비행기의 일을 할 수 없게 돼버렸기 때문에 의학관계의 일을 10년 가까이 했었으므로 병원 근무시간이 꽤 있었다. 그 때부터 병원 안의 간호사가 아름답게 보이는 것은 왜일까, 하고 생각했었다. 물론 아름다운 것이라면 좋지만, 간호부가 하얀 모자와 하얀 제복과 하얀 구두를 벗고, 보통 옷으로 갈아 입어 버리면 그다지 아름다워 보이지 않기 때문에 곤란한 것이다. 따라서 실례가 되지만, 간호사가 아름답게 보이는 것은, 그 하얀 제복과 모자와 구두 때문이 아닐까하고 믿고 있었던 것이다.

　그러나 그 후, 바로 최근에야 이것이 피상적인 견해인 것을 알았다.

　간호사가 흰 옷을 입고 있을 때, 아름답게 보이는 것은 비단 흰 옷 때문이 아니다. 흰 옷을 입고 있는 근무시간 중의 자신과의 싸움의 모습이 아름다운 것이다.

　덧붙여 말하면, 병원이라는 특수한 환경에 놓여 있는 자신의 사명감이다.

　환자는 대체로 버릇이 없다.

　버릇 없는 환자를 그 정도로 헌신적으로 보살피는 것이다.

　이것은 달아나고 싶은 자신과의 싸움만으로 될 수 있는 것은 아니다. 역시 간호사로서의 사명감이 이룩한 행위인 것이다. 인간은 자신을 위해서라고 생각되면 자신과 싸우지 않으면 안될 정도로 약한 동물이지만, 거기에 타인을 위해, 누군가를 위해, 라는 동기가 더해지면 그때야말로 한번 변한 것처럼 강해질 수 있는 것이다. 그 인간으로서의 강함이 '미(美)'라는 것과 직결되는 것일 것이다. 울기만 하는 인간은 결코 아름답지 않다. 울고 거기에서 과감하게 일어서는 강함이 있기 때문에 인간은 아름다운 것이다.

2

왜 '사명감'이
인간의 뇌력을 높이는 것일까!

'화재 현장의 엄청난 힘'을 조정하면……

머리를 좋게 하는 방법이라고 하면, 아무래도 추상적이 되기 일쑤이므로 구체적으로 직업이나 취미의 문제로 바꾸어 생각해 보아도 무엇을 위해 하는가 하는 목표의 실정은 중요한 테마이다.

예를 들어 좋아서 택한 길이 직업이 되는 경우와, 단지 아무 생각 없이 좋아서 취미로 하고 있는 경우와는 결과적으로 큰 차이가 나온다.

이것이 프로와 아마추어의 차이인 것이다.

취미에서부터 들어간 길이라도, 한번 그것이 직업이 되어 버리면 좋아서 할 수 있는 것만은 아니다. 출연을 부탁받으면, 프로로서 창피하지 않을 만큼의 연습도 필사적으로 해야만 하는 것이다.

나도 첼로를 켜는 것이 좋아서 아마추어지만, 어떤 기회에 출연을 부탁받으면 오히려 적극적으로 떠맡아 책임지고 있다. 'O.K'라고 한 이상, 어떤 일이 있어도 그 날까지 연수할 수 있도록 노력하지 않으면 안된다. 그 다급해진 상황에 자신을 빠지게 하는 것이 자신의 실력을 올리게 하는 최대의 교사라고 생각하기 때문이다.

연주하는 곡목도, 가능한 한 새로운 것으로 도전한다. 아무리 슈만의 〈트로이메아리〉를 좋아하고 있어도 그것만을 켜지는 않는다. 그러면 몇 십 년이 걸려도 〈트로이메아리〉밖에 켤 수 없게 돼 버린다.

나는 자신의 자기 만족을 위해서만 첼로를 켤 작정은 아니다. 그렇게 되면 아무에게도 들려줄 필요가 없고, 따라서 일부러 취광(醉狂)으로 나를 불러 무대 위에서 켜게 하려고 생각하는 사람도 없을 것이다. 머리이든, 기술이든 인간을 향상시키기 위해 가장 유효한 방법은 그것을 필요로 하는, 어쩔 도리가 없는 상태로 자신을 빠져들게 하는 것이다.

예를 들어 프랑스라는 나라가 좋아서 프랑스어를 배우기 시작했다고 하자.

이것만이 동기라고 하면 3개월이나 계속하면 좋은 편이다. 하지만, 실제문제로 3개월 후에 유학을 가기로 결정돼 있어 최소한 생활에 지장이 없을 만큼의 회화가 가능하지 않으면 곧 길을 헤매게 되어 버릴 처지라면 어떨까.

이렇게 되면 필사적으로 하지 않을 수 없다.

같은 3개월 동안이라도 그 결과는 삼십팔만 사천 킬로미터의 간격이 된다.

즉, 천양지차의 거리이다. 아무튼 자신을 위해서만 하는 경우와 자신을 위해서는 물론이지만, 거기에 타인과의 관계가 더해지면 그것이 촉매적인 역할을 해서 화학변화의 속도가 극단적으로 달라지는 것이다.

단순한 이야기로, 무엇인가를 할 경우, 타인으로부터 직접 "몇월 며칠까지 해줘."라고 부탁받은 일과, 자신의 취미로 하고 있는 것과

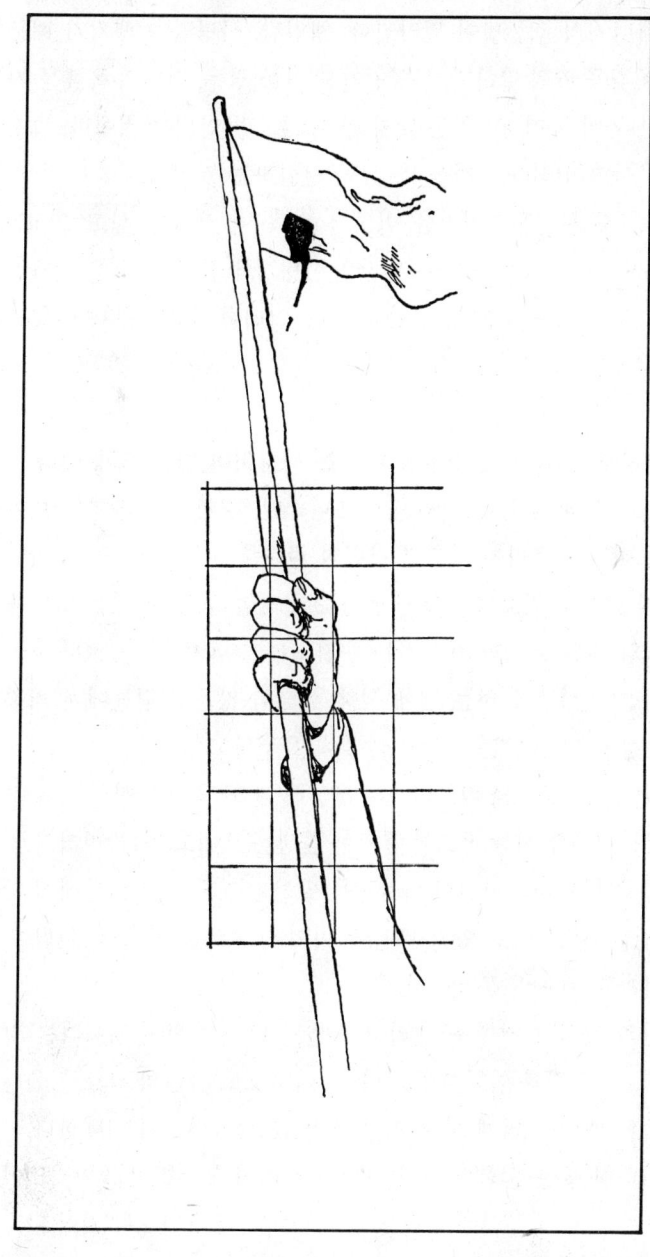

는 에너지의 집중법이 달라진다. 책임감, 사명감이 생기기 때문이다. 이것을 바꿔 말하면, 무엇인가를 이룰 경우, 자신의 목표를 가능한 한 높이 올려 '이 일은 내가 하지 않으면 안되는 것이다. 그것이 나의 사명이다'라고 마음 속 깊이 결심하는 것이다.

즉, '자신은 무엇인가를 이루기 위해 이 세상에 살고 있고, 그 목표야말로 이것이다.'라는 인간의 사명감에 불타는 것이다. '타인을 위해'라고 하는 말의 진정한 의미는 그러한 것에 있다고 해도 좋다.

많은 사람의 웃는 얼굴을 바라는 사람이야 말로 크게 번다

사실 훌륭한 업적을 세운 비즈니스맨, 경영자의 자세를 보아도 물론 이익을 올리지 않으면 사원의 급료를 지불할 수 없고, 법인세도 지불할 수 없고 주주에게 배당도 할당할 수 없지만, 돈벌이 제일주의의 자기 이익만 채우려는 수전노는 그다지 볼 수 없다.

자신이 사업을 하는 것에 의해 상당히 많은 사람들에게 기쁨과 도움을 주고 싶다는 생각으로 일에 몰두하고 있다.

이러한 사람들의 비즈니스는 상당히 잘 되어가고, 사실, 대부분의 사람들에게 감사를 받으며 훌륭한 인생을 보내고 있다. 머리가 좋은 경영자라는 것은 이러한 사람들을 말하는 것으로, 사람들에게 감사를 받는 일을 하고 있기 때문에 이익도 오르는 것이다. 돈벌이는, 말하자면 결과의 문제이다.

일의 전제는 첫째도, 그리고 둘째도 많은 사람이 기뻐하는 것을 만들고, 그 결과 이익이 오르며 그 이익으로 사원의 급료를 올리고 주주의 배당을 많게 하면 이것 또한 많은 사람들이 기뻐한다.

이러한 좋은 순환이 되면 옆에서 보기에도 기분이 좋다. 또 이러한 싸이클로 움직임에 따라 훌륭한 아이디어가 나오는 것이 단순히 아이디어가 나온다는 것 보다도 튀어나온다는 것이 적격인, 소위 나는〔飛〕 아이디어이다. 세계의 유명한 기업가 정신 등의 원점은 바로 여기에 있는 것이다.

천재적인 기업가 정신의 대표라고도 할 만한 토마스 에디슨의 발명도, 그 아이디어가 점프하듯이 용출한 것도, 역시 대부분의 사람들에게 기쁨을 주고 싶다는 것이었다.

예를 들면 축음기를 발명한 동기는 자신의 귀가 나빠졌기 때문에 귀가 나쁜 많은 사람들에게 음악을 들려 줄 수 있으면 상당히 기뻐할 것임에 틀림없다라고 생각해서 축음기를 발명했다고 한다. 즉, 보다 많은 사람이 즐기기 위해 머리를 풀로 회전시키는 것이 기업가 정신의 근본인데, 최근의 대기업을 보고 있으면 이 정신이 상당히 애매해지고 있는 듯하다. 법인격(法人格)이라는 말이 있으면서 인격을 잃어 버린 듯한 느낌인 것이다.

굳이 특정 기업가를 끄집어 낼 필요도 없이, 우리나라의 기업가가 회사를 만드는 창업시대라는 것을 생각해봐도 세상 사람들이 이러한 것을 갖고 싶어 하니 만들어 주자, 내가 곤란했던 경험이 있기 때문에 사람들도 곤란할 것이다, 따라서 곤란하지 않게 끝내는 것을 생각해 주자, 라고 생각한 것이다. 그 결과, 자신도 다소의 이익이 오르면 더할나위 없다.

하지만 현재 물건을 만든다는 것이 완전한 타성이 되어 버려 무엇 때문에 사회 속에서 비즈니스를 하고 있는 것인지 또 무엇 때문에 회사에서 일하고 있는 것인지 알 수 없는 사람이 상당히 늘고 있다.

정말로 움직여 일을 한다는 것의 본래적인 목표, 목적을 잃은 것이다.

내가 일부러 소리를 높여 머리를 좋게 하는 방법론의 전제로 대체 무엇을 위해, 누구를 위해 머리를 좋게 하는 것인가를 물으려는 것은, 이러한 위기감(危機感)이 있기 때문이다.

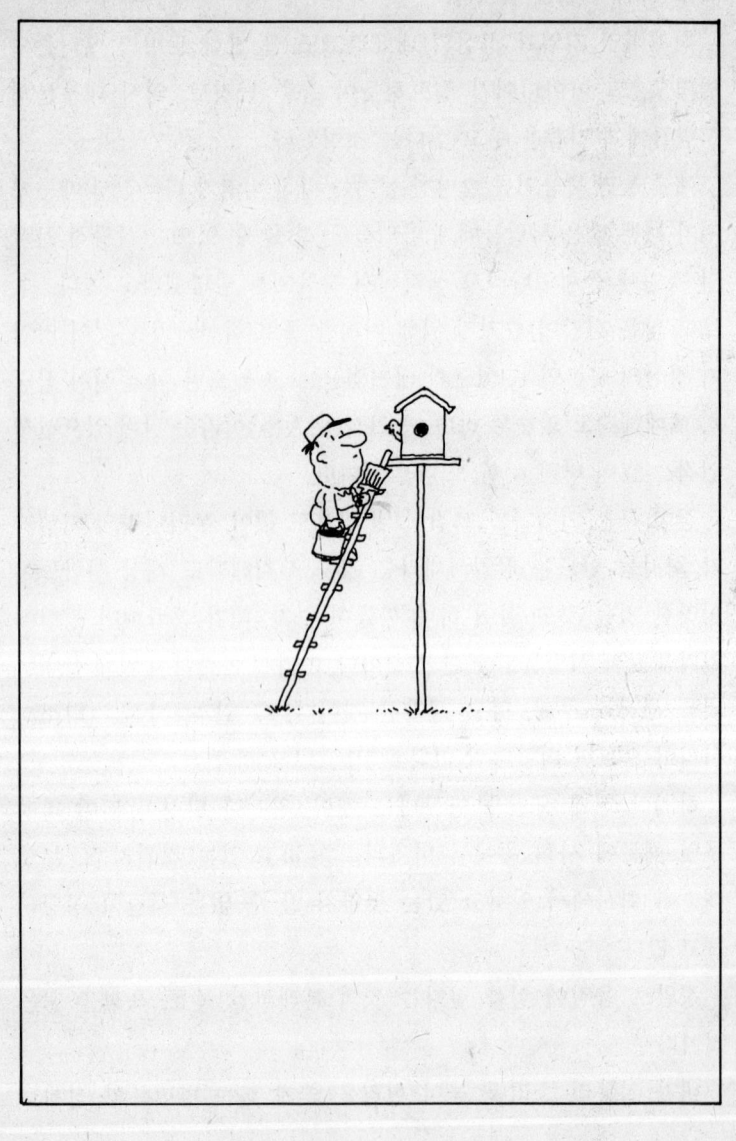

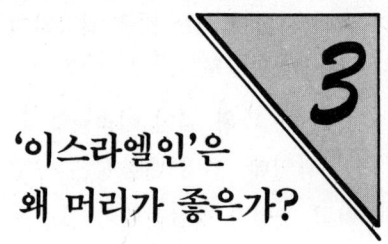

'이스라엘인'은
왜 머리가 좋은가?

이스라엘으로의 생각이 사막에 대학을 세웠다

내가 최근 펴낸 책 중에서 이스라엘과 유태인의 이야기가 총 50페이지 가까이나 나오기 때문에 사람들은 내가 이스라엘광을 일으킨, 즉 발레, 첼로 다음은 이스라엘에 심취한다는 등의 평판을 한다. 정말 뜻밖이지만, 거기에는 이유가 있다.

그 이유의 하나는 이스라엘에는 네게브 사막이라는 것이 있고, 꽤 이전이지만,〈십계〉라는 모세 에집트기의 영화가 있었기 때문에 그 광경을 떠올리면 알기 쉽겠지만, 나무 한 그루, 풀 한 포기도 없이 전갈만이 살고 있는 황량한 세계이다.

그 황량한 세계에 15년 정도 전에 뱅글리언 대학을 건설한 것이다.

이 대학의 명칭은 뱅글리언이라는 이스라엘 건국의 공로자이고, 몇 번이나 수상을 한 인물을 현창(顯彰)해 붙여진 것인데, 그는 네게브 사막에 특별한 관심을 갖고 있던 인물이기도 했다.

그 관심이라는 것은 즉, 이스라엘 국토의 60％는 사막이기 때문에 사막에 사는 것을 생각하지 않으면 국가가 성립될 수 없다는 것이다.

잘 아는 바와 같이 이스라엘 건국은 제2차세계 대전 후인 1947년 5월인데, 초대 대통령은 시오니즘 운동의 공로자 와이즈만, 그리고 수상자 뱅글리언이 선출됐다. 그때, 뱅글리언은 생각했다. 이 이스라엘의 건국에 의해 금후 세계 속에 분산한 유태 동포가 계속해서 이 땅으로 돌아올 것이다.

그들은 그때, 분명히 그 좁은 국토 안의 오아시스 지대를 목표로 하고 있었음에 틀림없다.

이스라엘에 있어서 오아시스 지대는 예루살렘, 테루아빕, 하이파, 갈릴라야 등, 도시화되어 인구가 집중하고 있는 장소밖에 없다.

그러면 어떻게 할까. 이스라엘 국민은 사막에서는 살 수 없다라고 처음부터 체념해서는 안되는 것이다. 국토의 60%가 사막이기 때문에 이 사막을 불모(不毛)의 황야(荒野)로 방치하면 귀중한 국토의 반 이상, 3분의 2 가까이를 잃게 된다.

어떻게든 사막에서 살 방법을 생각해야만 한다. 그것이 새롭게 이스라엘이라는 국가를 건설하려는 유태인의 사명인 것이다. 유태 민족은 사막을 개량하고 풍요로운 대지로 변모시켜 비로소 세계에, 인류 전체에 위대한 공헌을 할 수가 있다.

그리고 그것이 천지를 창조한 신과의 계약이기도 한 것이다.

'이스라엘인이 살아 남기 위해'의 발상

이와 같이 숭고한 이념을 내세워서 건국 사업에 몰두했지만, 수상 재임시에는 사막 개량 사업이 부진했었다.

뱅글리언은 1961년에 퇴진하지만, 수상을 사직한 후, 네게브 사막 안에 자신과 뜻을 같이 하는 소수의 사람들과 함께 작은 키브츠

(이스라엘의 농촌 공동체)를 만들어 거기에서 살았던 것이다.

그는 죽기 전에 주위에 자신의 의지를 쫓아 사막 개량의 연구에 힘을 쏟자고 호소했고, 그렇게 해서 생긴 것이 뱅글리언 대학이다.

이제 창립 15년 정도로, 내가 방문했을 때는 학사 코스만으로 박사 코스나 석사 코스는 없다는데, 안내해 준 젊은 연구원이 정열적으로 한 말에 감동했다.

"우리들은 여기에 숲을 만들려고 생각하고 있습니다. 사막 속에 숲을 만들어 모든 과학적인 실험을 여기에서 하고, 인간은 사막 속에서 훌륭히 살아갈 수 있다는 것을 증명하고 싶습니다. 세계에서 사막 때문에 고생하고 있는 사람은 몇 백, 몇 천만이 있습니다. 미국, 아프리카, 소련에도 사막이 있습니다.

그런 사막 속에서 생활하지 않으면 안되는 숙명을 짊어진 사람들을 위해서도 우리들은 연구를 계속할 것입니다.

따라서 사막 속에서 곤란해 하는 사람은 꼭 여기를 방문하기를 바랍니다. 그리고 우리들이 사막을 이만큼 개량해서 생활하고 있는 것을 보십시오. 그 생활의 방법, 개량법 등을 전부 본국에 가지고 돌아가 자신들이 살고 있는 사막을 쾌적한 생활 환경으로 변화시키기를 바라는 것입니다."

내가 감동을 받은 것은, 이스라엘 민족은 사막에 살지 않으면 안될 운명을 가지고 있기 때문에, 라는 것에서 시작한 사업이 현재는 단순히 이스라엘 민족의 범위를 훨씬 넘어서 세계 속의 사막 민족을 위해, 라는 것으로 목표가 한없이 커진 것이다.

구체적으로 어떤 연구활동을 하고 있는가 하면, 우선 우물을 파도 보통의 물은 나오지 않는다. 그래서 사막이라고 하는 것이지만, 실제는 우물을 파면 소금물이 나온다. 블랙 워터(black water)라고 해서 도저히 마실 수 없는 것이다. 새까만 물이 나온다.

110

그리고 그들은 이 블랙 워터를 사용해 큰 인공숲을 만들고 있는 것이다.

그 인공 숲에서 사막의 풍토에서도 자라는 식물이 있을 것이라는 생각으로 선인장을 시작으로 해서 모든 사막지대에 나 있는 식물을 모아 그것을 품종 개량하고 있다. 강하게 그리고 크게 품종 개량한 식물류를 심어 이 인공숲은 이미 시작되고 있었다.

더욱 특이한 것은 그 인공숲 속에 세계에 사는 작은 동물들을 모아 와 풀어 놓고 들토끼나 다람쥐 등 그때까지 이스라엘에는 없었던 동물까지 번식시키려고 생각하고 있는 것이다.

여기에 있는 사람들은 아주 머리가 좋다. 보통 사람이 전혀 생각할 수 없는 것을 생각하고, 그것을 실행하여 성과를 올리고 있는 것이다.

게다가 그 목적은, 단순히 이스라엘 민족이 살아남기 위한 것뿐만 아니라 그 목적을 훨씬 뛰어넘고 있다.

세계 인류를 위한 일을 하고 있는 것이다.

누구라도 거기에 감동한다.

늘 '무엇을 위해'를 생각하자

물론 이스라엘 민족에게 결점이 없는 것은 아니다. 결점이 있다는 점에서는 세계 어느 민족이나 마찬가지이다.

하지만 그 결점만 줄잡아도 이스라엘인 머리의 우수함은 훌륭한 것이다.

이스라엘인이 머리가 좋다는 것은 노벨상 수상자의 수를 보면 일목요연하다.

이것은 어디에서 오는가 하면, 역시 일을 완수하는 목표나 목적이 이스라엘인쪽이 조금이라도 크기 때문이 아닐까. 유태인은 약

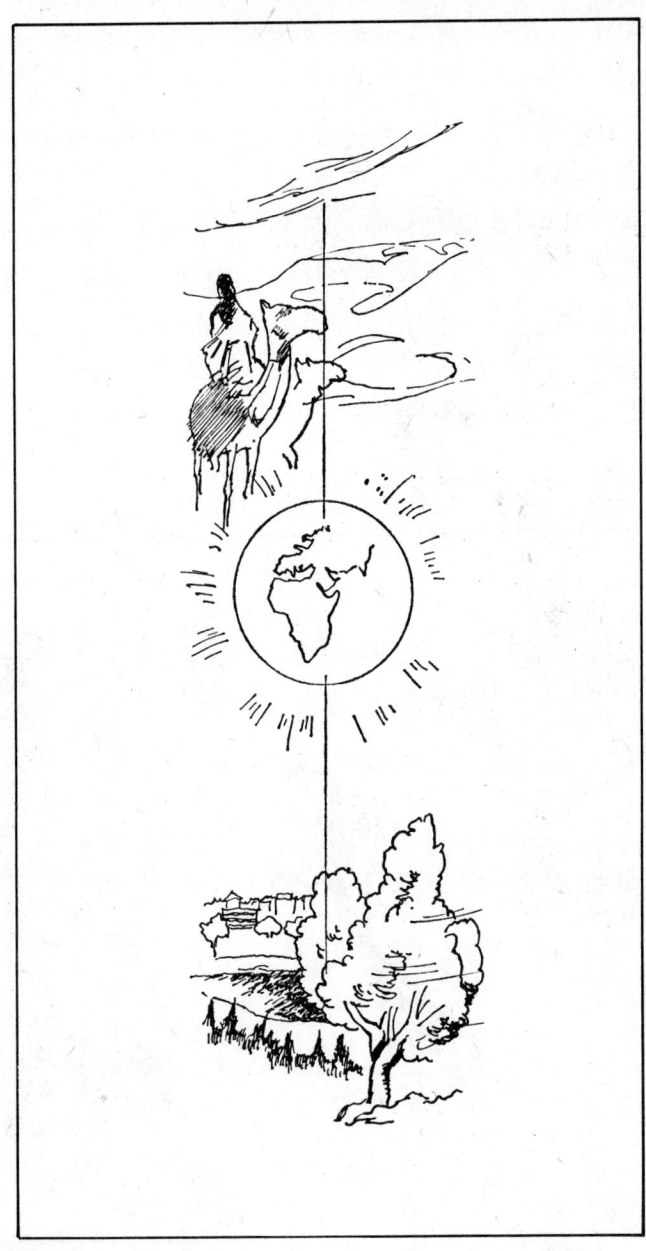

2000년 간, 조국을 잃고 세계를 유랑하는 고난의 역사를 살아 왔다.

이러한 환경이 민족들 간의 발상의 차이를 가지고 왔다고 나는 생각하고 있다.

또한 이스라엘 민족에게는 상당히 엄격한 종교적 계율이 있다. 일을 완수하는 에너지의 배경에는 늘 신(神)이 존재하고 있다. 또한 이러한 신의 존재는 필연적으로 인간을 사심이 없게 한다.

발상의 스케일이 한정되어 있는 체질이라고 해도 적어도 자신은 인류 전체를 위해 머리를 좋게 하는 것이라는 기개를 가지기를 바란다.

4
아무나 할 수 없는
'독창적 발상의 비밀'

● 실패 —
  마이너스로 시선을 옮겨라!

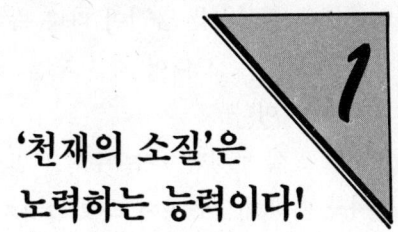

'천재의 소질'은
노력하는 능력이다!

수학은 무엇 때문에 존재하는가?

그런데 머리를 좋게 하는 목적, 목표론이 끝났으면 이 장부터는 더욱 구체적인 방법론으로 들어가지 않으면 안된다.

나는 지론으로서 최종적으로 머리가 좋은지 어떤지의 평가는 그 사람이 갖는 '독창력'에 달려 있다고 생각하므로 이 책 후반은 오로지 이 테마에 의해 나갈 작정인데, 인간은 독창적인 발상이 생기면 노고는 없고, 이야기 순서로 테이크 모프할 때까지의 서주론 (序走論)이 필요하다고 생각한다.

흔히 세간에서는 수학을 잘 하는 학생을 머리가 좋다고 평가한다.

국어의 고문(古文) 해석에서 우수한 성적을 따봤자 유행가를 완벽에 가깝게 부르면 "아이이면서도 이상하게 조숙한 놈이야."라고 기색이 나쁠 것은 뻔하다.

그 점에 있어서 수학은 다르다.

답이 하나밖에 없는 만큼, 거기에 도달하는 과정의 곤란함에

어른들은 상상력을 움직여 바다 속에서 바늘 한 개를 찾는 것과 같은 형편이며, 드디어 바른 답을 찾아내면 '너는 머리가 좋아!'로 되는 것이다.

미리 말해 두지만, 나는 수학을 별로 좋아하지 않는다. 과학자이면서도 이상하지 않은가 라고 말하지만, 수학은 골칫거리이다.

실제로 생각해 보면 국민학교부터 중학교, 고등학교, 대학에서 수학을 꽤 공부해 왔다. 중학교에 가면 예를 들어 '피타고라스의 정리'를 배우는데, 이것이 일생 중에 한번 정도는 어딘가에서 쓰일 것이라고 생각했었지만, 아직껏 그 기회가 없다. 직각삼각형의 직각을 끼우는 두변을 a,b라고 하면, 사변(斜邊)의 길이는 a자승, b자승이 모이는 평방근이라는 것이다.

나는 학교를 졸업하고, 비행기 회사에서 10년 간 전투기와 폭격기의 설계도를 그렸지만, 피타고라스의 정리를 사용한 적은 한 번도 없다.

또 그 후에는 음향학과 의학기기를 10년 했는데, 이 사이에도 한 번도 없다. 그리고 로케트 개발 10년 사이에도 없었다.

또한 조직공학 연구소에서 10수 년 있는 동안 전혀 한 번도 없다. 그것 뿐인가, 국민학교에서 배운 산수, 중학교의 대수, 기하, 고등학교의 미분 적분부터 대학의 수학까지, 현재까지의 일에서 실제로 사용한 경험이 없다.

한 번도 없다는 것은 조금 극단적이고, 2번은 있다. 한 번은 공학박사 학위논문을 썼을 때인데, 이유는 '수학을 넣지 않으면 학위를 받을 수 없다고 해서'이고, 또 한 번은 대학에서 강의를 할 때, '수학을 넣지 않으면 학생들을 바보로 만드니까'가 이유였던 2가지 기회 뿐이다.

선입견으로 비행기 설계에는 수학을 사용할 것이라고 말하지

만, 비행기 설계의 좋고 나쁨은 그 비행기에 타는 파이롯트에게
좋은지 아닌지가 최대의 포인트가 된다.

파이롯트에게 좋지 않은 전투기는 아무리 만들어도 아무도 타주
지 않는다.

조종사들은 대체로 어떤 비행기를 조종하고 싶어하는지 그것을
발견하는 것이 설계의 가장 큰 뜻이고, 수학 등을 억지로 사용해도
훌륭한 비행기는 생길 수 없는 것이다.

따라서 왜 그렇게 몇 천 시간이라는 시간에 걸쳐 수학을 공부해
야만 하는 것인가 이해하기 어려운 것이다.

게다가 요즈음은 컴퓨터나 전산기계가 소형화 되고 있는데, 아직
까지도 국민학교부터 고등학교, 대학에서 총 몇 천 시간이나 수학을
공부하고 있다.

수학에서는 노력하는 기쁨을 알면 충분!

일설에 의하면, 수학은 실용을 위해 공부하는 것이 아니라 논리
적 사고 능력을 기르기 위해 학습한다는 경향이 있다. 즉, 수학을
하면 머리가 좋아진다는 것이다.

이것은 즉 일을 절차대로 생각하게 된다는 설이다. 과연 그럴
까. 솔직히 말해 이 설에는 찬성할 수 없다. 경험상으로도 대학
교수 회의 때, 수학과 교수의 의논이 가장 사리에 맞는 이야기였다
고는 생각할 수 없기 때문이다.

만약 만에 하나 수학을 하여 머리가 좋아진다면, 미국의 대통령
이나 우리나라의 대통령도 수학을 전공한 사람이 되야 하지 않을
까.

나 자신도 이전에 단순히 일시적인 생각으로 비행기 안에서 토한
봉지를 노트 대신으로 해서 피타고라스의 법칙을 증명하는 계산식

118

을 푼 적이 있었지만, 중학생 때라면 5분도 걸리지 않았을 것을
가지고 이렇게 해도 아니고, 저렇게 해도 안 돼서 40분이나 걸려서
절망적이었던 경험이 있다.

그렇다고 하면, 수학은 논리적 사고능력을 높인다는 설에 따르
면, 내 머리는 이 몇 십 년 사이에 퇴행에 퇴행을 거듭해 지금이야
말로 거의 완전히 유아화(幼兒化)된 것이다.

결국, 수학을 얼마간 했다고 해서 일에 도움은 되지 않고, 머리도
별로 좋아지지 않는다는 결론에 도달한다.

그런 시시한 것을 왜 할까.

최근에 그 의문이 풀려지는 듯하다. 수학은 과학이 아니다. 기술
도 아니다. 오히려 철학 분야에 들어가야 하는 것으로, 뛰어난 수학
자의 업적을 보면 수학이라는 무기질(無機質) 보다도 예술적인
향기조차 풍기는 느낌이 든다.

이야기가 고등수학으로 너무 흘렀다. 초등으로 돌아가자. 왜 국민
학교 때부터 산수, 수학을 공부하는가 하면 그것은 대개 사물을
'학습'한다는 경우, 절대 불가결하게 필요한 단계를 하나하나 올라
가는 과정을 가르키기 위한 교육은 아닐까.

예를 들어 3 플러스 6은 얼마인가 하면 아이는 양손의 손가락을
이용해 '9'라고 답한다. 확실히 머리 속으로 계산할 수는 없어도
손가락을 사용하면, 여기까지 계단을 오를 수 있다는 것을 알 수
있다. 지능의 보행기 같은 손가락인 것이다.

다음으로 5 플러스 6은? 이 되면 양손의 손가락으로는 부족해진
다. 아이는 '!?'하게 되지만, 발가락이 있다는 것을 곧 알 수 있다.
이 '오를 수 있다', '됐다'는 것이 상당히 중요하다. 할 수 있으면
기쁘고, 자신감도 생긴다. 또한 자신감이 생기면 의욕이 생긴다.
즉, 어떤 단계라도 하면 된다.

오른다는 적극적인 성격의 인간을 만들기 위해 수학이 있는 것이고, 숫자 자체에 너무 의미를 두어도 결론이 나오기 어렵다.

말하자면, 머리를 좋게 하기 위한 방편이다. 방편이라고 하면 불교용어인데, 노벨상을 탄 L씨가 왜 '중간자 이론'을 발견했을까. 그 경위를 수필로 써 놓았는데, 그것을 보면, L씨는 불교 철리(哲理)라는 것에 대단한 관심이 있어 철저하게 불교를 쫓아왔다면 그것이 '중간자'의 존재로 이어진다고 쓰고 있다.

보통 사람의 머리로는 갑자기 믿기 어려운 이야기일지도 모르지만, L씨 뿐만 아니라 노벨상을 수상한 과학자의 배경에는 이상할 정도로 종교 문제가 있는 것도 사실이다. 수학은 철학 분야와 공통성이 있는 것이 하나의 증명이다.

'천재'는 이렇게 해서 만들어진다!

이야기가 다른 길로 빗나갔지만, 이 계단을 오르려고 하는 성격을 만드는 데는 수학이 가장 효과적이다.

국어나 사회로도 좋지 않을까 하고 생각할지도 모르지만, 국어나 사회 점수를 매길 때, 아무래도 주관이 들어간다.

수학이면 누가 생각해도 4 플러스 5는 9일 뿐, 그 이외의 어떤 숫자도 아니다. 즉, 정답이 명확하고, 숫자 그 자체가 계단과 같은 것이다.

내가 수학 공부에 주고 있는 위치는 '계단을 한 단씩 올라 간다'라는 학습 과정, 학습법, 바꾸어 말하면, 사물을 배운다는 테마에 대해 그것이 가장 적합하다는 것이다.

따라서 그 점에서 말하면, 수학이 아니어도 좋다. 내가 하고 있는 발레나 첼로라도 학습 과정에 있어서는 똑같다.

계단이랄까 스텝을 한 단씩 오르는 것이 교육의 근본이라고 생각한다.

가르키지도 않았는데, 처음부터 비약적으로 점프할 수 있는 인간 따위는 이 세상에 존재할 수가 없다.

세상에서 천재라고 불리워지는 사람은 계단을 오르는, 즉 연습을 하는 과정을 사람들 앞에서 말하지 않는 것뿐이다.

따라서 나를 어릴 때부터 알고 있는 사람은 그 녀석은 천재다라고 말하지 않는다. 노력가라고 말해 준다. 노력하는 것이 능력이다. 노력하는 천재가 제일인 것이다. 이것은 무엇에 있어서나 마찬가지라고 생각한다. 계단을 노골적으로 보인 사람은 노력가라고 불리며 그렇지 않은 사람은 천재라고 불리워진다.

2 '마이너스'에 민감해지는 것만으로 머리는 점점 맑아진다!

그 길에서 달인으로 사는 '신 · 50보 1보론'

전항에서는 독창적인 발상이라고 하더라도 계단을 한 발씩 밟아 오르는 것부터 시작되는 것을 설명했다.

토마스 에디슨의 격언에도 '천재라는 것은 99.9%의 노력과 0.1%의 우연이다'라는 말이 있다. 더 알기 쉽게 말하면, '로마는 하루 아침에 이루어지지 않는다'……라는 진부한 속담을 끌어 냈더니, 텔리비전의 콤머셜이, '남보다 뛰어나게 우수하기 위해서는 50보의 노력이 필요하다'같은 사본을 알리기 시작했다.

그렇게 말하니 옛날, 한 작가가 「50보의 거리」라는 에세이를 어딘가에 썼던 것을 읽은 생각이 난다. 내용은 확실하게 알 수 없지만, 50보, 100보라는 말이 있는데, 50보를 도망간 사람과 100보를 도망간 사람과는 확실히 50보의 차이가 있다.

이 50보는 생각하기에 따라서 단순히 배(倍)라는 숫자의 문제가 아니라고 생각한다.

그 소설가는 '마이너스 면'에서 50보, 100보론을 전개했는데, 플러스 면에서도 50보의 거리는 대단한 차이이다.

　방금 전의 텔리비전의 콤머셜에서 그것을 알 수 있을 것같은 느낌이 든다.

　과연, '다른 사람보다 한발 앞서기 위해 우리들은 50보의 노력을 해 왔다'라는 문구는 좋은 카피이다. 1보를 위한 50보가 있다. 신 (新) 50보 1보라고 하면 좋을까.

　하지만, 잘 아는 것처럼 우리나라의 습성처럼 나쁜 사용법으로 이 50보의 거리가 취급되고 있다.

　극단적으로 말하면, 지우개로 지워버리고 또 지워버리고 있다. 예를 들어, 한 가지 재주에 뛰어난 명인, 달인이라고 불려지는 분야 에 있어서 우리나라 사람의 경우, 그 기술을 마스터한 과정을 세세 하게 교과서화했다는 역사는 없다.

실수는 실수로서 주시할 것

　나는 묘하게도 십수 년 전에 국민학교 아이에게 산수를 가르치는 해에 기이하게도 미니 서당(공부방)을 할 처지가 된 적이 있다.

　언젠가 친구와 이야기를 하는데, 그 친구가 "우리 딸은 산수를 못해서 걱정이야."하고 말했다. 나는 그 말을 듣고, 나도 산수는 질색이었지만, 이것은 진작부터 생각하고 있던 것도 있고 해서 호기 심 반으로 "어디, 어디, 한번 해 보자"하고 자청했다. 친구는 마침 잘 됐다고 생각했는지 즉시 그 아이가 나타났고, 하는 김에 친구 들도 데려오게 되어 금세 '산수 서당'을 개점하게 되었다.

　개점을 하고, 나는 매우 놀랐다.

　그 보다도 오히려 큰 발견을 했었는데, 아이들은 전원 지우개를 지참했고(그 자체는 언뜻 보면 이상하지 않지만), "저기 그 계산, 이상하지 않아?"하고 노트를 들여다 보고 있으면, 그 말이 채 끝나

기도 전에 왼손에 쥐고 있던 지우개가 놀랄만한 속도로 상하좌우(上下左右)로 움직여 눈깜짝할 사이에 계산식을 지워버리는 것이다. 그 속도란, 엉겁결에 혀를 내두를 정도로 빠르고 솔직히 말해 나는 좋은 기분이 들지 않았다. 왜 그 정도까지 급하게 지워야만 하는 것일까.

산수 계산을 잘못하는 것은 국민학생이라면 누구라도 당연한 일로, 실수는 실수인데, 고작 그 정도에 왜 일생일대의 대실패를 범한 것같은, 대오점을 남긴 것같은 당황한 모습으로 그것을 지워버리지 않으면 안되는 것일까.

나는 조건반사적으로 늘 겁먹은 눈으로 달아날 준비를 하고 있는 작은 동물을 보는 것처럼 싫은 기분이 들었다.

"그것."이나 "틀려."라는 말을 들으면 조건반사적으로 지우개가 움직여 버리는 것이다.

지우개를 버리면 성적도 쑥쑥 오른다

그렇게 생각함과 동시에 실제 문제로 '이것을 하는 동안은 안 될 것이다'라고 나름대로 납득했다.

이것을 엄하게 고치지 않으면, 하고 확신했기 때문에, "틀렸으면 지우개로 지우지 말고, 큰 X를 붙여. 그렇게 해두면 노트를 볼 때마다 그 틀린 것을 알 수 있으니까 같은 문제는 두번 다시 틀리지 않는다."라고 지시했는데, 아이들이 하는 말이 "그렇게 하면 노트가 아무리 많아도 부족하잖아요."하는 것이었다. 이 물질이 풍부한 시대에 이런 검약 정신, 가난 근성이 아이들에게 남아 있었던가 하고 아연해했는데, 잘 생각해 보면, 검약이나 절약으로 그렇게 말하는 것은 아니다. X표 표시가 노트에 늘어서 있는 것은 그들의 미의식(美意識)이 허락하지 않는 것이다.

　뒤돌아 보고 곰곰히 생각했는데, 우리들의 국민학교 시절은 노트라고 해도 갱지에 가깝고, 게다가 지우개도 안 좋은 것밖에 가질 수 없었기 때문에 미의식이 움직여 자신이 저지른 실수를 지우고 싶어도 싹싹하면 지우기 전에 노트에 구멍이 나버린다. 하는 수 없이 X표를 붙여 두었던 기억이 나는데, 그것이 결과적으로는 현저하게 효과적이었던 것이다.

　그 점에서 지금의 아이들 필통 속에는 스누피에서부터 가지각색의 마치 고급 쵸코렛이나 껌으로 오인할 듯한 고성능 지우개들이 있다. '이래서는 사용한다는 쪽이 무리일지 모른다. 정성들여 포장된 지우개는 장식물이 아니다. 사용되어야 비로소 그 사명이 완수되는 것이다.'

라고 생각하고 "사용해서는 안돼!"하고 선언했다. 그때 나의 처방전은 아주 간단한 것으로, "지우개만 없애 버리면, 3개월 후에는 몰라보게 성적이 오른다"라는 것이었는데, 아이들은 미의식을 버리지 않고, 아니 그 보다도 나의 탁선(託宣)이 신용될 수 없었던지, 3명 중 2명은 지우개를 단호히 버리지 않았다.

　남은 한 명은 내가 말한대로 지우개를 버리고, 큰 X를 붙였다.

　이것은 결국 산수에 한한 것만은 아닌 것이다. 자신의 실수를 지우개로 지워버리면 절대로 진보하지 않는다.

　틀렸다는 기록을 남겨 두면, 인간은 두번 다시 같은 실수를 저지르지 않는 법이다.

　그 중요한 기록을 지워버리고, 몇 번이나 같은 실수를 한다. 그만큼 인간은 영리하지 않고, 싫은 일은 그렇지 않아도 잊고 싶은 마음인 것이다.

마이너스 정보에 안테나를 달아야 한다!

아무래도 인간은 마이너스 정보를 믿고 싶어하지 않는 것이 보통이고, 형편이 좋지 않은 정보는 머리에 넣지 않는 경향이 있다.

미국의 훼스팅거라는 학자가, 「인지적(認知的) 불협화의 이론」이라는 책에서 이 현상을 쓰고 있다.

나도 TV CM에 대해서 방금 언급했지만, 훼스팅거는 콤머셜(CM)을 연구해서 다음과 같은 이론을 확립했다.

그것에 따르면, 텔리비전의 콤머셜을 열심히 보는 것은 그 제품을 산 사람들이라는 것이다.

자동차를 예로 들면, A사의 자동차 광고를 보는 사람은 그 자동차를 사서 가지고 있는 사람이라는 것이 된다.

왜냐하면 A사의 자동차의 콤머셜은 당연히 '우리 회사의 자동차는 세계 제일의 차입니다'라고 선전하므로 그것을 가지고 있는 사람은 '나는 좋은 물건을 샀다'고 만족하는 것이고, 그것이 기분 좋으므로 열심히 보는 것이다.

하지만 다른 회사의 차를 가지고 있는 사람에 있어서는 A사의 차 CM은 자신의 선택의 잘못을 지적하고 있는 것 같기 때문에 매우 재미없다.

빨리 끝나지 않나 당황해서 보고 있으므로 당연히 머리에 들어오지 않는다.

여기에서 알 수 있는 것처럼 CM이라는 것으로는 판매가 촉진되지 않는다는 것이다. 즐겁게 보고 있는 사람은 이미 그 상품을 가지고 있는 사람이고, 이제부터 사고 싶다는 사람은 제대로 봐주지 않으므로 판매 촉진 효과가 거의 없는 셈이다. 이 이론이 발표되고 나서 미국의 CM은 상당히 변했다고 한다.

머리 좋은 수학의 이용법

훼스팅거의 이론이 지적하고 있는 것은, 인간 약점의 하나이므로
여러 가지 경우에 꼭 들어 맞는다.

예를 들어 본사(本社)의 사장이 지방 공장을 시찰하게 되면,
공장장은 사장이 얼굴을 찌푸리는 나쁜 보고는 하고 싶어하지 않는
다. 사원 전원에게 특별 지시를 내려 사기가 왕성한 체한다. 나쁜
것은 덮어서 숨기고, 사장이 기뻐하는 보고만 하는데, 결국 이것이
도산의 원인이 된다.

그러므로 인간이 실패하지 않기 위해서는 훼스팅거의 이론의
반대를 생각하면 좋을 것이다.

즉, 실패할 것같은 요인을 모두 내두고, 그 하나하나에 대책을
세워 두면 나중에는 성공할 수밖에 없다.

그 반대로 성공하려고만 생각하면 반드시 실패한다.

왜냐하면, 성공하려고만 생각한다면 하나나 둘의 성공할 것같은
요인에만 눈이 어두워져 그 배후에 잠재하고 있는 실패할 것 같은
요인을 체크하지 않기 때문에 실패의 요인이 표면화될 때는 이미
손을 쓸 수가 없는 것이다.

가까운 예로 설명하면 여성이 결혼 상대를 고를 때, 실패를 하는
것은 모두 이것이 원인이다. 연애를 할 동안은 상대 남성의 하나나
둘의 장점에만 눈이 어두워져 있는 경우가 상당히 많다. 옆 모습은
누구와 닮았다든가, 뒷모습은 또 누구와 쏙 닮았다든가 대수롭지
않은 플러스에 눈이 멀어 결혼을 결정해 버리는 것이다.

그 결과, 결혼하고 나서 결혼 전에는 전혀 볼 수 없었던 마이너스
점이 새록새록 나와 이럴 리가 없는데, 하고 후회하게 된다.

그래서 나는 이러한 경우, 눈에 띄는 장점은 세지 않아도 좋으니
까 눈에 띄는 단점을 가능한 한 모아 그것을 알고 난 후에 결혼하면
좋다고 한다. 그러면 더이상 나빠질 리가 없으므로 반드시 좋아진

다. 이런 충고를 하고 싶다.

지금의 테마인 수학으로 말하면, 상대의 마이너스를 전부 모아 귀중한 재산이니까 이것을 괄호 안에 넣어 두고, 결혼하기 전날에 그 괄호 앞에 마이너스를 하나 붙인 후에 괄호를 떼면 속의 마이너스는 전부 플러스가 되어 되돌아 온다. 이렇게 설명하면 모두 잘 알 수 있다.

머리가 좋은 수학의 이용법은 이런 곳에 있을지도 모른다.

자신의 단점에 눈을 감지 말 것

이야기를 원래로 되돌리자.

내가 대학 교수를 하고 있던 때, 시험 기간이 되면 수험생 어머니들로부터 자주 상담을 받았다. 우리 아이가 무슨 대학, 무슨 학과에 합격할 수 있을지 어떨지 학력 판정을 해달라는 것이다.

나는 이것을 백발백중 맞혔다.

어떤 방법으로 맞혔는가 하면, 먼저 그 수험생에게 보고 싶은 학교의 과거 입시문제 중에서 10문제 정도를 시켜본다.

시킨다고 해서 그 답안을 내가 채점하는 것은 아니다. 모든 답안을 덮어두고 "얼마나 맞았다고 생각하니?"하고 묻는 것이다. 그래서 "대개 맞았다고 생각합니다."하고 답하는 아이는 우선 떨어진다. "1번의 (ㄱ)과 3번의 (ㄴ)은 틀렸습니다." 라고 대답한 아이는 꼭 붙는다.

왜냐하면 "거의 맞았다."고 하는 아이는, 이 모의 시험이 끝나고 (어느 때의 시험이든 같지만) 집에 돌아가도 아무 것도 하지 않으므로 언제까지나 기다려도 향상되지 않는다. 하지만 "이것과 이것은 틀렸다."고 하는 아이는 집에 돌아가고 나서 틀린 곳을 공부하므로 학력이 오른다. 합부(合否) 판정의 기준은 이 정도인데, 사족을 붙이면 틀렸는지 어떤지도 모르는 아이는 도저히 가망이 없다고 해도 과언이 아니다. 이 원칙은 기업의 경영자나 간부들에게도 딱 들어맞는다.

"대체로 잘 되어 갑니다."라고 하는 사람은 거의 가망이 없다.

"여기와 여기에 문제가 있습니다."하고 약점을 들어내는 사람은 그것을 알고 있으므로 반드시 고치려고 노력한다. 그 만큼 성장하는 셈이다.

나는 "나의 경영에 실패는 없었다."라고 하는 경영자와는 교제하지 않는 것으로 하고 있다. 한 번도 실패한 적이 없다는 것 자체가 인간이라고는 생각할 수 없다.

나는 신(神)도 경원시하고 싶고, 괴물과도 교제하고 싶지 않다.

그 점에서 "아니, 아니, 우리 경영은 실패의 연속입니다. 그물을 건너는 것과 같습니다."라는 경영자 쪽이 안심하고 사귈 수 있다.

인생이라는 노트에 지우개를 쓸 수 있을까 하면 나는 쓸 수 없다고 생각한다. 쓸 수 있다고는 해도 그것을 사용한 사람을 나는 신용하지 않는다. 그대로 X표를 붙여 남겨 두는 사람을 신용한다.

결국, 자신의 단점에 눈을 감지 않는 것이 머리가 좋아지는 인간의 기본원칙인 것이고, 이 마이너스 감도(感度)가 높은 사람이야말로 일을 하는데도 성공할 타입이다 라고 말할 수 있다.

단, 이러한 마이너스 포인트를 헤아려 그것을 기억한다는 것은 비관론이 아닐까 하는 사람이 있다.

한 마디만 반론해 두면, 비관론자라는 것은 과거의 실패에 너무 구애되어 즉, 인생은 좀처럼 앞을 내다볼 수 없는 것이 보통이기 때문에 깜깜한 밤에 길을 걸어가는 일같은 것이라고 하자. 깜깜한 밤길을 걷다 구덩이에 떨어져 머리에 혹이 생긴 경험이 있으므로, 두번 다시 아픈 경험을 되풀이하지 않기 위해 걷는 것을 그만두는 사람을 말하는 것이다.

그 반대로 낙관론자는 또다시 구덩이에 빠질까 어떨까는 정하지 않는다. 구덩이가 있을지 없을지도 정해져 있지 않다. 여하튼 걸어가 보지 않으면 알 수 없다.

구덩이가 없으면 걸을 수 있고, 있으면 또 떨어지는 것이 아닌가 생각하고 걸어가다 떨어져서 이번에는 혹으로 끝나지 않고 골절하는 사람을 말한다.

그 점에서 나는 비관론자도 낙관론자도 아니다. 구덩이가 있을 것같다는 전제 아래 그 구덩이의 폭을 예측하고, 그 길 지름 이상의 길이의 판을 메고 가는 것이다.

마이너스를 발견한다는 것은 그래서 그만둔다는 것이 아니라, 마이너스를 플러스로 바꾸는 의욕이 있는가 없는가의 문제인 것이다.

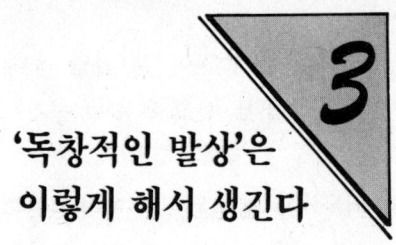

'독창적인 발상'은
이렇게 해서 생긴다

실패의 연구야말로 지혜의 요소이다!

이 장은 수학 단계론에서 시작해 지우개 무용론(無用論), 마이너스 감도론(感度論)으로 진행되어 왔지만, 나는 교육 평론가도 아니고, 경영 평론가도 아니므로 자신의 체험을 써두지 않으면 안된다.

이미 몇 번이나 서술했지만, 나는 항공과를 나와 비행기 회사에 들어갔었는데, 그 때는 프랑스인 기사가 높은 급료를 받고 일하고 있었다.

학교를 방금 졸업한 나는 속이 울컥 치밀어 '프랑스 고 홈' 운동을 한 적도 있지만, 어쨌든 배의 스크류 전문가에게 프로펠라 강의를 듣고, 자동차 엔진 선생에게 항공기 엔진을 배웠기 때문에 비행기 회사에 들어갔어도 나 자신은 비행기에 관한 것은 모두 알지 못했다고 해도 좋다.

할 수 없어서 처음은 프랑스인의 기술에 대해 공부한 선배에게 설계법을 배우려고 했는데, 이것은 도중에 그만 두었다. 왜냐하면, 설계방법을 듣는 것은 곧 성공의 역사를 배우는 것밖에 되지 않는다.

그대로 해서 일이 잘 되면 흉내를 내는 것이고, 또한 실패를 하면 이런 바보, 하고 욕을 먹는 것이 뻔한 일이라고 생각했기 때문이다.

너무나도 재미 없어서 이 방법은 그만 두고, 그 대신 발상을 거꾸로 해서 선배로부터 실패의 역사를 듣기로 했다. 실패의 기록을 모아 그 반대의 일을 하면 성공은 정해져 있다.

또 설령 성공이 정해져 있지 않아도 독특하고 재미있는 것을 하고 있다는 평가는 될 것이다라고 생각했기 때문이다.

나는 그 때문에 선배의 집을 매일 밤 방문해 저녁을 먹으면서 이야기를 듣기 시작했다.

타인이 했던 '마이너스'를 받들자

하지만 이것은 의외로 난항(難航)했다.

생각해 보면 당연하고, 인간 누구나가 자신의 실패담을 허겁지겁 얘기하지는 않는다. 대개 9시경까지는 자신이 성공한 자랑만 하므로 이런 것은 별로 도움이 되지 않아 적당히 흘려 듣는다.

특히 부인이나 아이들이 이야기를 듣고 있으면 절대로 실패담을 하지 않는다. 9시를 지나 부인이 아이를 재우기 위해 혹은 부엌일을 정리하기 위해 물러날 때가 되어서야 비로소 실패담이 나온다. 상당한 끈기를 필요로 하는 것이다.

거듭 말하면, 매일 밤 밀어닥쳐 저녁을 먹은 이 끈기와 신경을 반년 간 지속시킨 결과, 나는 이 선배의 실패 기록을 전부 모았다.

후년, 육군의 우수 전투기의 설계진에 가담해 한 차례의 성공을 거둔 이면에는 몇 명인가의 선배가 일생을 헛된 만큼 비통해 한 실패의 기록이 있었던 것이다. 이러한 표현이 타당한지 어떤지는

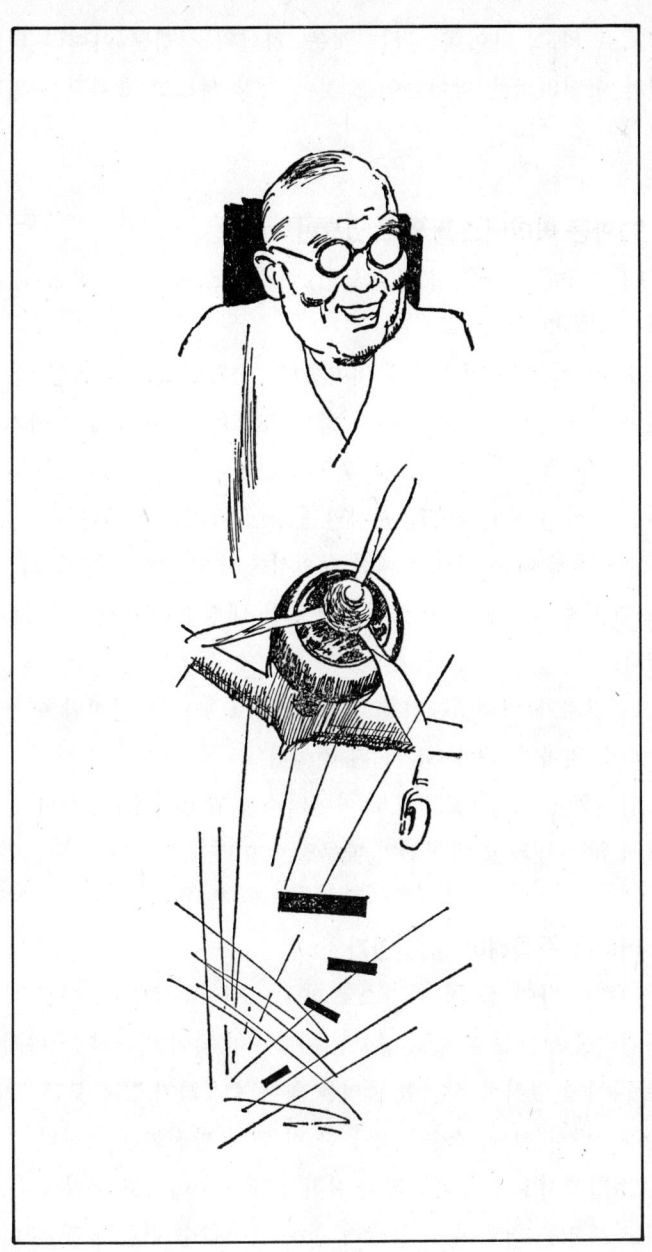

별도로 하고, 마이너스라는 것은, 자신의 경험뿐 아니라 타인이 했던 마이너스를 받아들이는 것이 가장 빠르고 효과적인 방법이다.

'그만큼 마이너스를 알고 있으면……'

내 경력에 의한 경험 예를 들면, 이전의 로케트 연구를 하던 때의 예산 획득법이다.

로케트를 연구하면서 무엇이 가장 큰일이었는가 하면, 예산을 얼마나 만족하게 획득하는가 하는 것으로 몇 단계의 심사기관이 있어 이것을 각각 통과하지 않으면 기껏한 고생도 물거품이 되고, 예산 신청서가 되돌아와 휴지의 운명이 될지도 모른다.

거기에서 나는 비로소 예산 계획서를 내고 심사를 받을 때, 로케트 연구에 관한 모든 마이너스 요인을 대강 30여항에 걸쳐서 나열했다.

그 결과가 어떠했는가를 말하면, 나도 모르게 신청할 예산액에 플러스 알파가 붙어 OK가 된 것이다.

심사원 O씨가 '그 정도로 마이너스를 알고 있으면, 설마 실패는 하지 않겠지'라고 판정했기 때문일 것이다.

어디에 주목해야 할 것인가

그런데 마이너스를 플러스로 바꾸는 방법의 하나로 다른 사람의 실패담을 모으는 것으로 성공한 자랑담이 되어 버렸지만, 마지막으로 나에게 있어서 성실한 방법을 하나 소개하자. 결론부터 말하면, 존경할만한 선생, 스승을 가능한 한 빨리 발견하는 것이다.

앞 항에서 K대의 항공과는 전혀 항공과가 아니고 사기 같은 것이라고 트집을 잡았지만, 둥글려 전부를 속임수 취급한 것은 변명할

여지가 없다.

3년 간은 거의 절망했는데, 여느 때와 같이 교수나 조교수가 가끔 수업을 쉬었을 때, 젊은 강사가 대신해서 강의를 한 적이 있었다. 나는 그때, 비로소 항공과에서 비행기 이야기다운 이야기를 들었다고 생각해서 상당히 감격했다.

그리고 그 후, 그 강의를 한 사람이 항공과 내에 독립해서 강좌를 갖게 되어 나는 당연히 열성적인 학생이 되었다. 열심이면 성적도 나쁠 리가 없다.

선생도 '그 녀석은 지독하게 내 수업만 출석한다'라고 하므로 인상에 남는다.

나는 이 선생한테 받은 지식만으로 비행기 회사에 들어가게 된 상황이므로 선생이 발표한 논문은 모두 대강 훑어 보았다.

그러던 어느 때, 학회지에 주목할만한 선생의 논문이 실렸다. 내용은, 비행기는 지면 가까이를 날 때와 높은 곳을 날 때와는 부력(浮力)이 달라진다는 것이었다.

지면 가까이로 지면에 스칠 듯이 날 때는 비행기와 지면과의 사이에 공기가 들어가기 때문에 그 압력으로 조금 떠오른다. 하지만 상공에는 그것이 없기 때문에 부력이 적어지는데, 이것을 그라운드 에펙트(지면 효과)라고 한다.

이 논문을 읽고, 나는 뛰어 올랐다.

실은 그때 나는 함재기의 설계에 직면해 있었다. 문제는 함재기는 짧은 항공모함의 활주로에서 튀어 나오기 때문에 비행 갑판으로부터 튀어 나오는 순간, 돌로 떨어진다는 것이다.

실제로 해군 항공본부에 나가 물었던 적도 있다.

그 대답은 "떨어지는 것은 당연하다. 그것을 얼마나 적게 하느냐가 파이롯트의 기술이다."하는 것이었다.

과연 그런 것일까 하고 생각하고는 있었지만 떨어지는 것이 당연하고, 그것은 파이롯트의 솜씨에 맡긴다니 곤란한 것이다. 가능한한 떨어지지 않도록 비행기를 만드는 것이 설계자에게 맡겨진 의무와 책임이다.

나는 이 그라운드 에펙트 이론을 힌트로 해서 2년 남짓 걸려 가능한한 돌로 떨어지지 않는 함재기를 설계했다.

'남자한테 매달려 억지로 아내가 된 여자'식으로 다가갈 것!

그것은 아무튼 나는 함재기의 연구 결과를 어느 학회지에 발표했다.

태평양 전쟁에 돌입하기 수년 전의 일이다.

이 논문이 미국의 항공 연구기관(현재의 NASA · 항공 우주국의 전신)의 눈에 띄었다. 그리고 대학의 내 은사에게 편지가 왔는데, 영역(英譯)의 허가를 구하러 온 것이다. 선생은 나에게 연락해 "어쩌지?"하고 상담해 왔다.

"나는 단지 계산했을 뿐이고, 이론은 선생님이 세운 것이니까 선생님 뜻대로 영문으로 하시면 어떨까요."라고 대답했다. 그러자 그것을 받은 즉시 선생에게서 편지가 왔는데 단지 이론 뿐이었다면 미국은 전혀 상대하지 않았을 것이다. 그것이 함재기 설계에 쓰여진 것으로 주목을 끌었기 때문에, 역시 나의 허가가 있어야 한다고 생각한다는 내용이었다.

나는 선생의 두터운 정에 감격해서, "그렇다면 공저(共著)라는 것이 어떨까요?"하고 제안했다. 그 결과, 미국에 마크된 것이다.

1941년 전쟁이 발발하려는 해에 K대학에 또 하나 새로운 항공기를 설립하게 되고, 교원의 반수를 현장 경험이 있는 사람이 충당하게 되어 나도 그 일원에 가담했다. 열심히 추천해준 사람은 선생이었다.

이렇게 해서 나는 모교의 조교수가 되었는데, 이 선생과의 만남이 없었다면 계속 비행기 회사의 설계 기사 일을 하고 있었을 것이다.

때문에 나는 선생님 덕분으로 모교에 적을 두고 있었으므로 생활에는 곤란한 것이 없었다. 만약, 그 때에 K대에 가지 못했더라면 나도 누구처럼 추리소설을 쓰기 시작했을지도 모르지만, 재능이 있는지 어떤지 자신은 없다.

사람과의 만남은 인간의 운명을 크게 변화시킨다. 이것은 이 책의 테마와는 무관하게 생각될지도 모르지만, 아무리 머리를 좋게 해도 그것을 인정하고 사용해 주는 사람이 없으면 그야말로 보물을 가지고도 썩히는 꼴이므로, 자신을 인정해 주는 사람을 빨리 발견하는 것이 무엇보다도 중요한 것이다. 그러면 어떻게 하면 그런 사람을 만날 수 있을까인데, 결론부터 말하면, 짝사랑이든 무엇이든 상관 없으니까 철저하게 좋아하는 것이다. 마음 깊숙이에서 경애하고 동경을 하며, 남자한테 매달려 억지로 아내가 되는 여자처럼 나간다. 처음에는 조금 귀찮아 해도 밀어내기로 가면 절대로 나쁘게 되지는 않는다. 즉, 제자와 친숙해지지 않아도 어느 때인가는 반드시 기회를 준다. 그 호기(好機)를 놓치지 말고, 이때야말로 연마한 머리를 사용해야 한다.

5

이 센터 사고로
'뇌력' 풀 회전

●사고법을 바꾸는 것만으로
유연한 두뇌가 생겨난다.

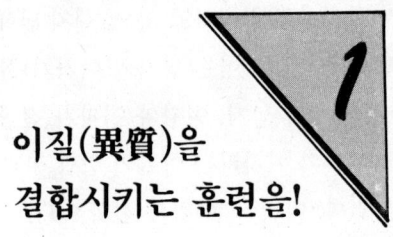

이질(異質)을
결합시키는 훈련을!

'빠루코'의 발상, 이것이 다르다!

앞장에서 '중간자의 이론'의 발상의 동기에 대해서 간단하게 언급했지만, 독창력, 창조력이라는 것은 어떤 요소가 결합해서 생겨나는 것인가를 생각해 보고 싶다.

'포앙칼레의 법칙'이라는 것이 있다.

이 법칙의 제안자인 포앙칼레는 19세기 프랑스의 고명한 수학자, 물리학자인데 「과학과 방법」이라는 책을 쓴 것으로도 유명하다.

이 책은 이때까지 인류가 행해온 대발명, 대발견 등의 비밀은 어디에 있는가를 면밀히 고찰하고, 독창적인 아이디어가 생겨날 때의 법칙을 한 권의 책으로 정리한 것이다.

그 법칙이라는 것은 상당히 단순명쾌하며, 새로운 아이디어는 반드시 두 가지 다른 것의 결합으로 생긴다는 것이다.

독창적 발상＝이질(異質)의 결합.

이것이 포앙칼레의 법칙이다.

　이질의 결합이라고 하면, 웬지 난해한 것 같지만, 더욱 알기 쉽게 말하면 어린아이는 남자와 여자가 결혼하지 않으면 생겨나지 않는다. 남자와 남자, 여자와 여자가 결합되어도 될 수 없다.

　남자와 여자라는 이질의 결합 결과, 아이라는 새로운 아이디어가 생긴다. 이것이 '이질의 결합'이다.

　예를 들어 유통업계에서 설명하면, 1965년대 전반까지의 대형상업 빌딩이라는 것은, 백화점 방식과 수퍼마켓 방식의 두 종류 뿐이었다.

　백화점 방식이라는 것은, 무슨 무슨 매장이라는 명칭으로 굉장히 넓은 공간을 케이스로 둘러싸고, 그 케이스 내부에 점원이 있어 손님과 대응하면서 상품을 판매하는 방식으로, 이것을 고유 판매방식이라고도 한다.

　또 하나의 수퍼마켓 방식은 잘 아는 것과 같이 셀프 서비스 방식이고, 손님이 상품대에서 스스로 물건을 고르고, 카운터에서 대금을 지불하는 방식이다.

　즉, 본래의 우리나라적인 상매 방법과 새로운 형태의 미국적 판매방법의 두 가지가 있었던 셈인데, 1965년대 후반에 전문점 빌딩이라는 것이 생겨났다. 'S유통그룹'의 '빠루코'이다.

　물론 그때까지도, 전문점 빌딩이 없었던 것은 아니다. 하지만 그 판매방식은 백화점과 같이 케이스를 진열하고, 그 뒤에 점원이 있어 그 케이스 위에 ○○○라는 이름이 붙어 있는 형식으로, 아무런 색다른 것이 없었다.

　하지만 '빠루코'의 방법은 독창적이었다. 그때까지 평면적으로 넓은 순회로(順回路)만 남기고, 뒷 부분은 전부 작은 블록으로 단락짓고, 거기에 여러 가지 숍을 들였다.

　간단히 말하면, 빌딩 안에 상점가를 그대로 들인 것이다.

이 방법은 현재도 볼 수 있지만, 당시로는 획기적이었다.

왜 획기적이었을까. 백화점과 상점가라는 이질의 상업형태를 하나의 빌딩 안에 두고 결합시켰기 때문이다. 이것도 '포앙칼레' 법칙의 한 예이다.

'중간자 이론'의 원점도 '포앙칼레'였다

'중간자 이론'은 또 이질의 결합의 발견이었다. 좀 어렵겠지만, 가능한 한 쉽게 설명해 보기로 하자.

자석의 플러스와 플러스는 서로 반발하고, 마이너스와 마이너스도 서로 반발한다.

플러스와 마이너스의 결합만이 서로 끌어 당긴다― 이것은 국민학생도 알고 있는 것이다.

그러면 자석이 왜 반발하거나 끌어당기거나 하는 것일까. 그것은 양극과 음극과의 사이에 광자(光子)라는 것이 발생하기 때문이라고 설명되어 있다.

예를 들어 두 첩의 군함이 대포탄 대신에 볼링공을 공격했다고 하자. 폭발되어서는 곤란하므로 볼링공으로 했지만, 지금의 대포는 성능이 좋기 때문에 거의 명중한다. 서로 팽팽하게 맞히면, 그 힘에 의해 맞는 반대쪽으로 밀린다.

또 하나, 공을 공격한 반동으로 필연적으로 공격한 방향의 반대 방향으로 밀린다. 즉, 상대방의 공의 힘에 밀리거나 자신의 공의 힘에 밀려 2첩의 군함은 점점 거리가 멀어지는 것이다.

이 2첩의 군함은 같은 전극(電極)을 향해 상대하고 있다고 생각하면 좋다.

플러스와 플러스이기 때문에 반발해 버린다. 그럼 플러스와 마이너스는 왜 끌어 당길까. 대포를 갖은 군함이 플러스라고 하면, 마이너스는 대포탄의 보급선(補給船)이라고 생각하면 좋다. 대포탄에는 한계가 있다. 거기에 보급선이 접근하면 엔진 전개(全開)에도 접근할 것이다.

같은 원리로 보급선과 보급선, 마이너스와 마이너스도 접근하지 않는다.

쓸모가 없는 것만은 아니다. 어느 의미에서는 상매적(商賣的)이기 때문에 반발해 버린다. 이 대포의 탄, 볼링 공이 광자(光子)라고 설명되고 있던 것이 그때까지의 물리학이었다.

L씨는 어디에 주목했었나

하지만 엄밀히 생각하면 곤란한 문제가 일어난다. 원자 안에 있는 원자핵이라는 것은, 양자(陽子)라는 플러스 전기를 갖는 입자와 아무 전기도 갖지 않는 중성자인 입자가 밀착해서 꽉 차있다.

이것은 곤란하다. 플러스와 마이너스라면 알 수 있지만, 플러스와 제로가 어찌된 일인지 서로 끌어 결합하는 것이다.

남자와 여자라면 세상도 납득하지만, 남자와 중성이 함께 사이 좋게 동거하고 있다. 그것이 모두 원자핵인 것이다.

플러스와 제로, 남자와 중성이므로 서로 관계가 없다. 이해관계는 전혀 없다. 서로 사랑하는 일도 없으며, 서로 미워하는 일도 없다. 그래서 동거도 가능하다. 농담은 아니다. 중성이 없어도 다를 바 없다면 나머지는 전원 남자들 뿐이다.

또한 원자핵에는 아무런 막도 없다. 사실, 원자핵 안에 있는 양자(陽子)의 반발력을 계산하면, 20센티 두께의 철판을 뚫을 정도의 힘이 된다고 한다.

대단한 폭발력을 갖는 대포탄인 것이다. 그것이 폭발도 하지 않고 얌전하게 하나로 굳어져 있다. 때문에 이것은 이상하다라는

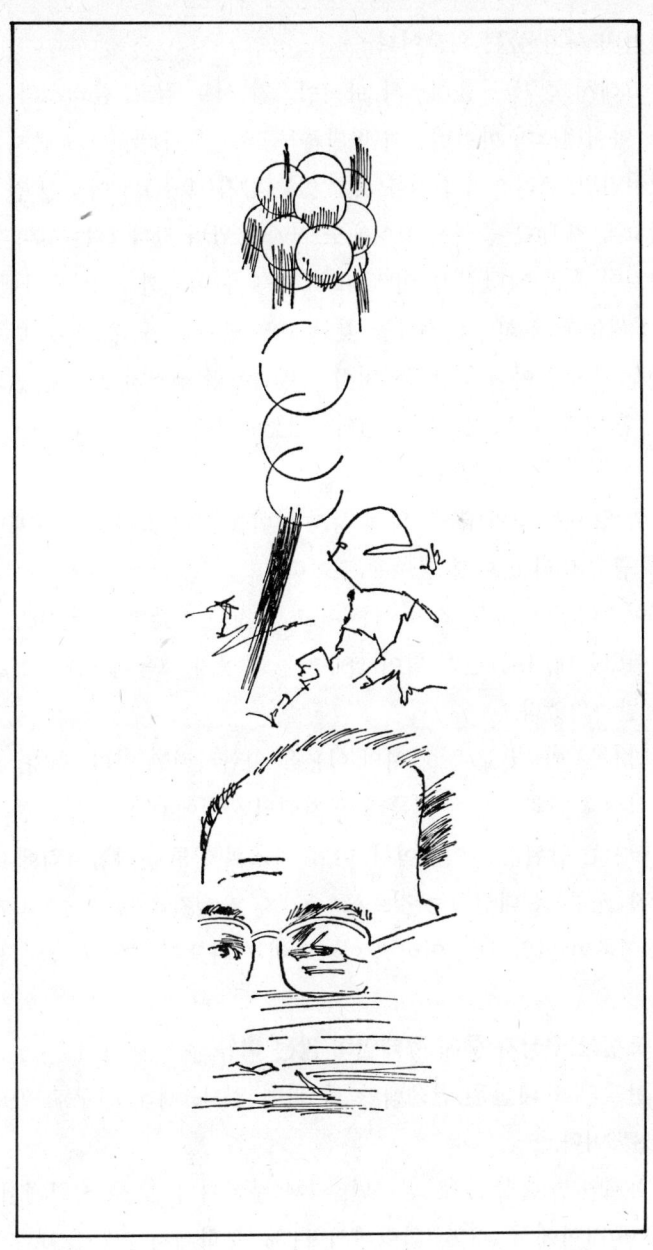

것이 박사가 품는 의문이다.

그래서 전기의 플러스와 마이너스가 서로 끌고, 플러스와 플러스, 마이너스와 마이너스가 반발하는 것은 광자(光子)가 존재하는 것이라면, 플러스의 전기를 갖고 있는 양자(陽子)와 아무런 전기를 갖고 있지 않은 중성자 사이에도 거기를 왔다 갔다 하는 것이 있어 그것이 흡인력(吸引力)이 되고 있는 것은 아닐까 하고 생각했다.

L씨는 열심히 그 존재를 찾았지만, 발견할 수 없었다. 발견할 수 없었지만 아까의 볼링공처럼 반발력부터 생각하고 중량을 계산할 수 있다고 생각한 결과, 전자의 235배에서 300배의 무게를 갖는 입자일 것이라고 했다.

이 입자는 양자(陽子)와 중성자 사이를 왔다 갔다하는 존재이므로 '중간자'라고 이름 붙여진 것이다.

이것이 박사의 '중간자 이론'이고, 이것을 발표한 것은 1935년의 일이었는데, 1947년이 되어 파우엘들의 학자 그룹에 의해 그 존재가 발견되었다.

박사는 이 경우, 두 가지의 이론을 결합시키고 있다. 전기, 혹은 자석의 흡인과 반발의 이론과, 원자핵의 사이에 아주 새로운 존재가 없어서는 안된다는 이론이다. 이 두 가지의 이론을 결합시킴에 따라 광자(光子)를 대신하는 것으로 '중간자'를 생각해 냈다. 이 두 가지의 이론이 없었다면, 이러한 아이디어는 나오지 않았던 것이다.

노벨상 수상자 중에 유태인이 많은 이유

현재의 유태인은 천육백만 명 밖에 없다. 세계 인구로 말하면 0.38%이다.

하지만 노벨상 수로 말하면, 경제 분야에서 62%, 의학에서 23%, 물리학에서 22%, 화학에서 11%, 문학에서 7%로 압도적인 수를 차지하고 있는 것이다.

대략 지금까지 백오십 명 정도가 노벨상을 받았다. 천육백만 명으로 나누면, 약 십만 명에 한 명 꼴이다.

이것은 제 4장의 끝에서 간단히 말했지만, 항상 역경 속에서 지낸 민족이라는 데에 원인이 있는 것일 것이다.

그들은 제2차대전 후까지 조국조차도 가질 수 없었다. 이천 년간 유랑민이었던 것이다.

독특한 문화를 짊어지고 오로지 타민족의 나라에서 다른 문화와 결합하지 않으면 살아갈 수 없는 숙명에 놓여 있었던 것이다. 아인슈타인이 독일 국가에서 살아 남기 위해 '상대성 이론'을 만들어 낸 것은 이미 전술했던 대로이다. 마르크스라고 해도 그렇다.

결국, 유태 민족이 노벨상을 탈만한 많은 발명, 발견을 산출해 낸 독창력의 원점에는 두 가지의 이질(異質) 문화의 결합이 있었던 것이다. '포앙칼레의 법칙'을 땅에서 증명했다고 할 수 있다.

2 우리나라 사람의 머리를 좋게 하는 법

다른 분야 사람과의 교류를!

우리나라 사람들은 극단적으로 얼굴에 구애받는 성벽이 높아져서 모두 같은 얼굴이 되었기 때문에, 자업자득이라고 말해야 할지 카멜레온적인 진보라고 해야 할지 선뜻 말이 떠오르지는 않지만, 이질(異質)을 배제한다는 점만은 가슴에 새겨 반성해야 할 때에 이르렀다고 생각한다. 그 원인은 뭔가 하면 반복이 되지만, 이질의 결합이야말로 독창력의 근원인데도 불구하고 이질을 배제해 온 오랜 역사를 가졌기 때문에 그 원리원칙을 잃어버린 이유가 아닐까.

이것으로 생각해서 지금부터 우리나라 사람이 살아 남는 길은 독창력의 발휘밖에 없으므로 취할 길은 단 하나 밖에 없는 것이 된다.

즉, 이질을 배제하지 않고 적극적으로 이질과 만나는 것으로부터 시작해야만 한다. 우리나라 사람은 기업에 있어서나, 활동에 있어서나, 또는 스포츠 클럽에 있어서 모두 동료를 만드는 관계가 되면

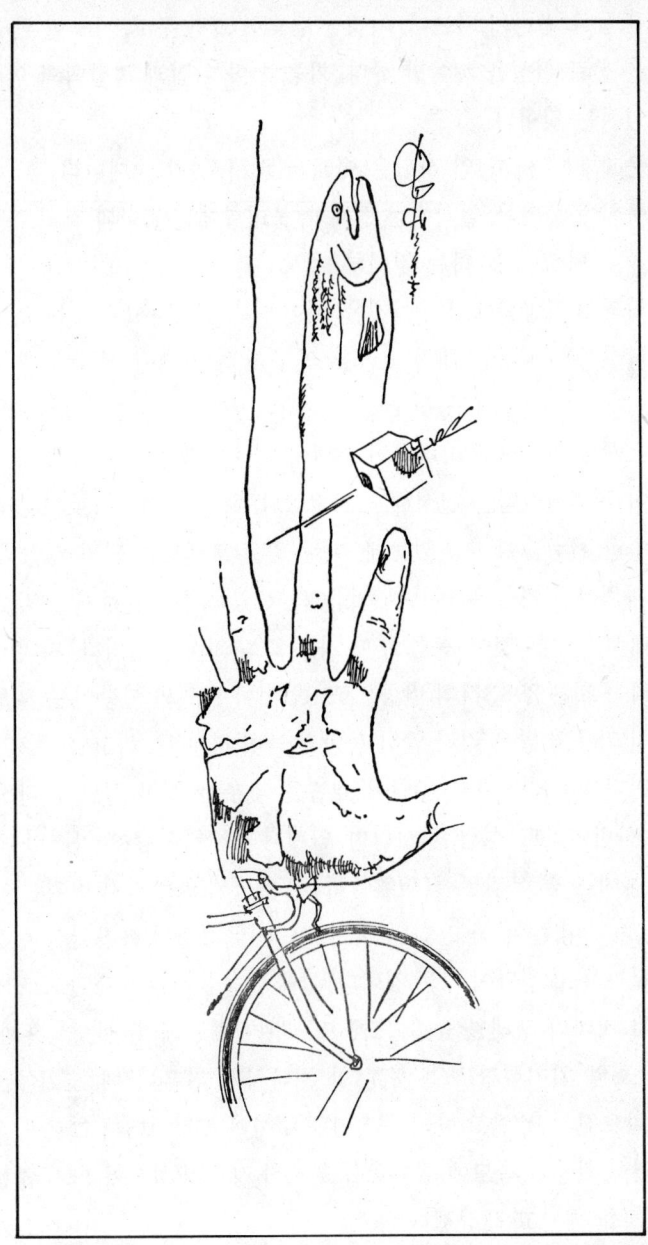

닮은 동료 편성이 되는데, 이것을 단호히 그만 두고, 가능한 한 닮지 않은 동료 편성을 해야만 한다. 가능한 한 자신과 정반대의 인간을 발견하는 것이다.

문과계(文科系)인 사람은 이과계(理科系)와 교제한다.

문학에는 의학, 철학에는 경제학, 물리학에는 공학과 같이 가능한 한 이질의 편성을 하는 것이다.

나의 조직공학에서는 이것을 '페어 시스템'이라고 부르는데, 조직 공학이라는 명칭은 내가 로케트 연구를 하던 때에 생각해 낸 것이다.

로케트 연구도 우리나라의 통례에 따라서 많은 사람이 한데 모여들어 프로젝트팀을 결성해 개시되었다. 하지만 전문가로서는 각각 우수한 사람들이 모였었는데, 아주 좋은 로케트는 되지 않았다.

때문에 우리들은 대체 무엇을 하고 있는가 신중하게 생각했다. 그래서 떠오른 것이 운동회 때 자주 하는 지네 경쟁이다. 지네 경쟁이라는 것은 2인 3각의 변형으로, 8인이나 10인의 사람이 종 일렬로 서서 좌우의 발을 각각 앞뒤 사람과 묶어 하나 둘, 하고 소리치면서 달린다. 이 8인 내지 10인이 호흡을 맞추는 것이 실로 곤란한데, 한 사람이라도 성급한 사람이 있거나, 둔한 사람이 있거나 하면 이 지네는 곧 복잡골절(複雜骨折)을 일으키고 쓰러져 버리는 것이다. 즉, 우리들이 하고 있던 것은, 이 지네 경쟁의 복잡골절 현상은 아닐까 하고 짐작이 가는 것이다. 그래서 동물원의 곤충관으로 발을 옮겨 지네의 생태를 눈을 크게 뜨고 관찰했는데, 우선, 그 흑과 황의, 소위 천지현황(天地玄黃)의 지나치게 짙은 색에 토기(吐氣)를 일으켰지만, 참고 발의 움직임을 주시하고 있었더니 그 경이적인 정연한 활동과 속도에 현기증을 일으켜 갑자기 참고가 되지 않는다는 것을 깨닫고 해산했다.

나중에 곧 알 수 있었지만, 지네 경쟁의 원리는 2인 3각에 있으므로 먼저 이 경기를 마스터하지 않으면 도저히 지네 경지까지는 도달할 수 없는 것이다.

페어 시스템으로 10이 플러스 10이 100이 된다!

2인 3각을 잘하면 비로소 4인의 지네 경기에 도전할 수 있다.

그리고 이것이 잘되면 8인 지네라는 상황으로 발전시켜 가면 되는 것이다.

물론 조직이라는 것은 혼자서는 되지 않는다. 두 사람이 최소단위이다.

이것은 조직공학의 원칙이라고 해도 좋을 것이다.

그리고 전술했듯이 가능한 한 자신과는 이질적인 인간과 짝을 짓는 것이 바람직하다. 나는 이러한 관점에서 로케트의 프로젝트

팀을 일단 해산하고, 2인 1조부터 다시 한 셈인데, 페어의 상대로서 선배 T씨를 선택했다.

원래 K대라는 곳은 연공서열(年功序列)이 까다로운 곳으로, 졸업년도가 빠르고 늦음으로 상하관계가 정해져 버린다.

1년이라도 먼저 졸업한 사람에 대해서는 식당에서 자리를 양보하지 않으면 안된다. 하지만 이와 같은 일에 구애되어서는 안된다. T씨에게 일 이외일 때는 '선후'의 관계를 엄격히 지키지만, 짝지어 일하는 동안에는 연공서열을 그만두고 대등한 입장에서 일해 줄 것을 제의했다.

T씨는 이것을 승낙해 주었다.

짝을 지을 때는 그럭저럭 사이가 좋거나 성격도 같은 사람과 짝을 짓고 싶어하는데, 이런 방법으로는 우선 좋은 성과를 거둘 수 없다.

가능한 한 성격과 연대가 다른 사람과 짝을 짓는 것이 바람직하다. 또 전공도 될 수 있는 대로 동떨어진 쪽이 좋다.

내 파트너인 T씨는 전자공학의 전문가였다. 거기에 대해 나는 항공과 유체력학이 전공이었다.

그래서 일을 진행하는 가운데, T씨는 전자공학의 입장에서 장래에는 레이저 광선이 나온다든가, 마이크로 웨이브가 된다든가, 트랜지스터는 시대에 뒤떨어져서 IC나 LSI가 나오게 된다라는 이야기를 해준다.

한편, 내 쪽은 지금은 폴리에틸렌 밖에 없지만, 그동안 폴리스치롤이나 폴리 우레탄이 나와 마지막에는 폴리부타지엔이라는 고분자 플라스틱이 될 것이다 라는 이야기를 한다.

이런 상태로 늘 둘이서 일을 하면 서로의 전공 사이에 공통부분이 나오고, 그것을 통해서 전공이 다른 동료와의 커뮤니케이션이

가능해지는 것이다.

　자칫 공학 부문은 조금 전공이 다르면 양자의 교류가 없고, 그것이 전체의 레벨 업에 방해가 될 수 있는 것인데, 페어 시스템에 의해 그러한 폐해를 제거할 수가 있다.

　서로 교류가 잘 되면 재미있는 것이고, 또 이번에는 짝 이외의 사람과 의논을 할 때, T씨 쪽이 장래는 폴리부타지엔이 될 것이다, 하고 내가 말한 것을 말하게 되며, 나는 나대로 이제부터는 레이저 시대라고 주장한다.

　이렇게 짝을 짓는 효과라는 것은, 예를 들어 한 사람이 10인의 능력을 가지고 있다고 하면, 10＋10은 20이라는 것은 의미가 없는 것이고, 둘이서 짝짓는 것에 의해 100의 힘을 갖는 천재에 대항하려고 하는 패기가 없으면 안되는 것이다. 서로의 능력을 증식(增殖)하는 것이 페어 시스템의 기본 원칙이다.

3 사고법을 변화시키는 것만으로 머리는 부쩍부쩍 좋아진다!

'디센터 인간'의 진보

내가 페어 시스템을 생각해 낸 것은, '포앙칼레의 법칙'의 응용인데, 이것을 발상법의 분야에서 설명하면, '디센터 사고'라는 것이 된다. 인간은 자기 혼자 사물을 생각해서는 비약적인 발상이 생기기 어려운 것이다. 사고(思考)가 같은 곳에서 좀처럼 움직이지 않는다.

이것은 공을 주고 받는 것을 생각하면 잘 알 수 있다. 이 게임엔 반드시 상대가 필요한데, 피처가 던진 공이 정확히 스트라이크에 들어가면 문제가 없다. 캐처는 앉은 자세로 받을 수 있지만, 피처가 폭투(暴投)했을 경우, 어떨까이다. "그런 공을 던진 피처가 나쁘다. 책임은 피처에 있다"하기만 하고, 앉은 채로 발돋움해 잡으려고 하지 않는 캐처라고 하면, 이 게임은 이루어지지 않는다.

볼을 뒤로 놓쳐버리면 잡으러 가는데 시간이 걸린다. 캐치볼도 거기에서 중단되어 버린다. 일에서도 이와 같은 것이다. 일단 중단해 버리면 또 계속하려고 할 경우, 결국, 처음부터 다시 해야만 하는 것이 상당히 많다. 예를 들어 만원을 떨어뜨려 하루 종일 돌아다닌 결과 겨우 찾았다고 하자. 만원은 처음대로 돌아왔지만, 그것을 찾기 위해 소비한 시간은 돌아오지 않는다.

즉 중단해 버리면, 그때까지 쓰여진 시간은 허사가 되는 것이다.

따라서 캐처는 공에 달려 들어서라도 받는 것이 중요하다. 글러브에 들어오지 않을 정도라면 몸으로라도 받는다.

이것이 '디센터'이다. '센터(Center)'는 물론 중심이다. 여기에 '디(de)'가 붙으면, 그것을 지우는 의미가 되기 때문에, '중심을 움직인다'가 된다. 알기 쉽게 말하면, '오돌'이라는 것은 '냄새가 난다'는 의미이다.

'오도런트'는 '냄새가 나는 것'이다. 이것이 '디오도런트'가 되면, '냄새를 없애는 것'이 되어 여러 상품에 쓰여 지금 젊은이에게는 모닝 샴푸가 인기 있을 정도로 냄새에 민감해져 있으며, '디오도런트 인간'이라고도 한다. '디오도런트'도 매우 좋지만, 나로서는 '디센터 인간'이 되기를 권장하고 싶다.

부드러운 두뇌를 만드는 '디센터'발상

캐치볼의 경우로 말하면, 피처가 잘못 던진 공을 캣처가 포지션을 옮겨 공을 던진다. 회사의 일로 말하면, 동료가 병이 났다든지, 해외 출장을 갔다든지 했을 때에도 그것을 커버해 하다 만 일을 중단시키지 않고 끝낸다. 이것이 '디센터 사고'이고, 새로운 아이디어를 낼지 어떨지의 결정적인 수단이 된다. 새로운 아이디어라는 것은, 어제와는 다른 일을 하는 것이기 때문에 나는 나의 생각을 바꾸지 않는다, 라고 해서는 영원히 새로운 아이디어가 나오지 않는다.

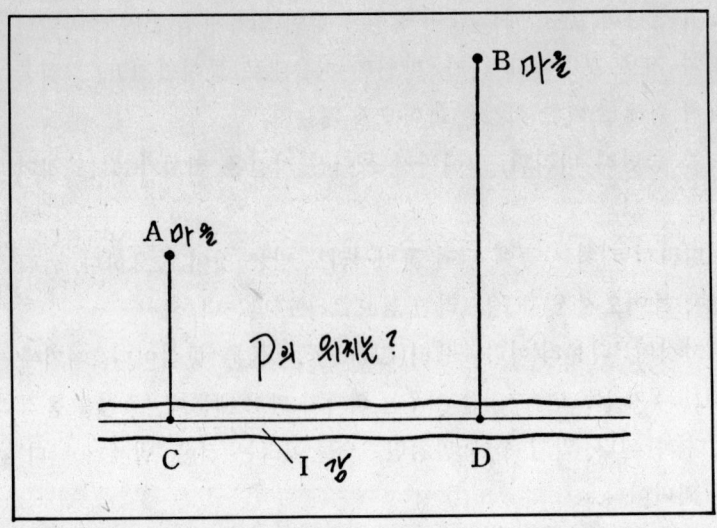

즉, 새로운 것을 생각할 경우, 자신의 머리의 중심을 움직여야 하는데, 자신 혼자만 중심을 움직이려고 생각해도 어디로 어떻게 움직이면 좋을지 짐작이 가지 않는 것이 보통이다.

제트기의 수미레이션 장치와 달리 우리들의 머리에는 자동조절 장치도 없으며, 좌표측도 짜넣어져 있지 않기 때문이다.

그래서 하나 둘 '디센터 사고'를 훈련하기 위한 응용문제에 도전해 보기 바란다.

윗 그림을 보아 주기 바란다.

I라는 천이 흐르고 있다. Z라는 회사의 본사가 A라는 마을에 있고, I천에 선착장을 만들어 거기에서 B마을에 있는 공장에 원료를 보내고 싶다고 생각한다. 즉, 트럭을 A마을의 본사에서 I천 선착장을 경유해 B마을의 공장으로 보내는 데는 선착장 P를 어디에 만들면 거리가 가장 가까워질까, 하는 문제이다. 누구라도 직감적으로 생각하는 것은, A마을과 B마을의 위치에서 직선을 그은 C, D

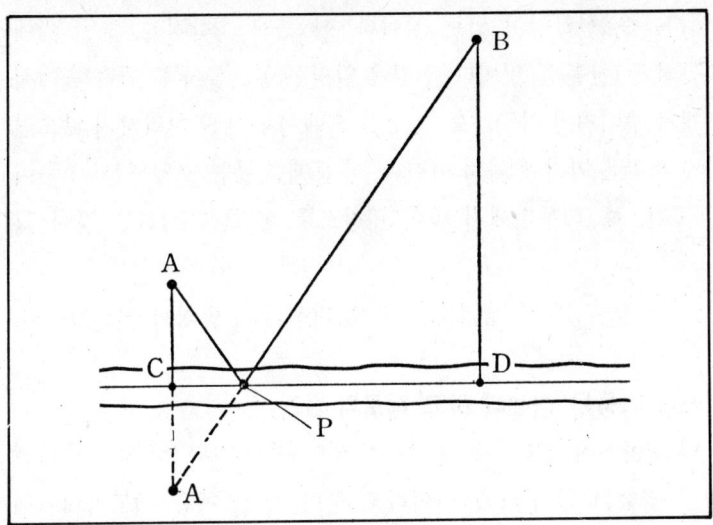

의 사이에 만들지 않으면 멀리 돌게 되는 것이다.

그럼 C,D 사이의 어디에 P를 놓아 주면 좋을까. 그 위치를 표시하는 것이 문제인 것이다. 끈기와 시간이 남아 도는 사람이라면, 정규(定規)를 들고 나와 1미리씩 치수를 재어 보면 대강의 위치는 계산해 낼 수 있을 것이다.

그러나 더 머리가 좋은 경쾌한 방법을 생각하지 않으면 곤란하다.

나는 독자 여러분을 괴롭힐 작정은 아니기 때문에 해답을 바로 준다.

그림의 테두리에 구애받지 말고, 물가 건너편 쪽에 A의 대칭점을 생각하는 것이다. 건너편 쪽의 강을 두고 같은 거리인 A´라는 지점을 우선 임시로 설정한다. 그렇게 하면, 직각삼각형이 이러니 저러니 하기 전에 일직선이 가장 거리가 짧은 것은 상식이므로, 일직선에 A´와 B를 연결하면 좋다. 그 직선 A´ B가 I천과 접한 지점이

160

P이다. 즉, 선착장이 되는 것이다. 이 문제　함정은, 도면 밑에 빠듯하게 I천을 둔 것이다. 인간은 일정한 공간을 구분 지은 속에서 문제가 주어지면 아무래도 그 공간 속에서 문제를 처리하지 않으면 안될 것같은 착각에 빠져 버린다. 이 문제를 푸는 포인트는 그 주어진 공간, 즉 테두리에서 벗어난 장소를 상정(想定)하는 것에 있다.

그 벗어난 장소를 생각하는 것이 '디센터'의 발상이라는 것이다.

석유 파동은 '디센터 사고' 제로의 증거

나는 이전에 석유 파동을 예측했었기 때문에 대단히 평판이 나빴던 경험이 있다. 1971년이라고 하면, 내가 예술학원 발레과에 들어간 때이므로 잘 기억하고 있는데, 그 해 6월에 미국으로부터 피터슨이라는 사람이 우리나라를 방문했다. 세간에서는 그를 피터슨 특사라고 불렀는데, 그 수수한 사람의 이야기 등, 메스커뮤니케이션 정보, 홍수의 물결에 밀려 지금 상기할 수 있는 사람은 우선 모두 무(無)에 가까울 것이다.

피터슨은 그 때, 무엇을 말하러 왔는가. 석유가 부족하니 비싸질 것이다. 석유에 대비하는 쪽이 좋지 않을까라고 했던 것이다.

이해 6월 시점에서 피터슨을 만난 우리측의 반응은 아주 차가웠다.

"이것은 산유국의 음모이다. 석유 위기를 일부러 만들어 내고 나서 단번에 석유값을 인상할 작정일 것이다. 무심코 지나가면 큰일난다."

한 마디로 말하면 이러한 분위기였다.

그것이 불과 6개월 후에 제4차 중동전쟁의 발발에 의해 석유가격이 4배로 오르고 세제 매점(買占), 화장실 휴지·공황, 제로 경제

성장—그 잊을 수 없는 제1차 석유 파동이 일어났던 것이다.

나는 피터슨에 대한 우리측의 반응의 냉대에 고개를 갸웃한 것이다. 좀 더 솔직히 타인이 말하는 것에 귀를 기울여야 하는 것이 아닐까.

그렇게 생각하는데 즉시 유단대적(油斷大敵)을 그림으로 그린 듯한 대소동이 일어나 슈퍼에서 화장실 휴지가 모습을 감추는 전묘한 상황이 되었던 것이다.

지금 생각해도 왜 석유가 화장실 휴지와 직결하는가 이해하기 어렵다. 전혀 이치가 맞지 않는데, 나는 한 TV 방송의 주부 대상 프로그램에 불려가 질문을 받았다.

아나운서 : "화장실 휴지가 없는 것을 어떻게 생각합니까?"

나 : "그런 것은 없어도 상관 없다. 내가 어렸을 때는 모두 신문지를 썼었다. 기사를 읽으면서 용변을 보는 것도 멋진 일이다."

이 발언을 하자마자, 항의 전화가 쉴새없이 걸려왔다.

시청자 : "이게 무슨 시대착오냐. 그 아저씨 때라면 어떨지 모르지만, 현대는 수세식이다. 신문지를 쓰면 곧 막혀 버리지 않나!"

이 항의는 도장을 누르듯이 같은 내용이었다고 하는데, 아나운서가 백만 명의 아군을 얻은 듯한 얼굴로 같은 대사를 반복하는 때까지 이르러 나는 무연한 기분이 들어 침묵했다. 말해도 좋았지만, 한낮 주부를 대상으로 한 프로에서 이렇게 말하는 것도 뭣하다고 생각했던 것이다.

"만약 우리나라에 석유가 오지 않게 되면 전력이 끊긴다. 정전이 되면 저수지의 모타나 맨션이나 아파트 단지의 옥상의 저수조에 물을 올리는 모타가 일제히 멈춰 버리기 때문에 단수(斷水)가 된다. 또 단수가 되면 수세식 화장실을 사용할 수가 없다. 수세식 화장실을 사용할 수 없으면 밖에서 신문지로 충분할 수 있을 것이다.'

여기까지 깊이 파고들어 설명하는 것도 미의식이 허락하지 않는 다고 생각해 그만 두었지만, 나 이외의 누구 한 사람이라도 석유가 없어도 수세식 화장실을 쓸 수가 있기 때문에 화장실 휴지가 필요 하다 라고 하는 생각을 금과옥조(金科玉條)라는 식으로 하지 않았 다는 것에 놀랐다. 이미 1973년의 이 시기에 고도성장을 이룬 우리 나라 사람에게는 '집 밖에서 변을 본다는 일'의 발상 등은 조금도 없었던 것이다.

석유를 석수(油水)와 같이 사용하면서 '석유가 안온다'라는 것에 조금도 걱정을 하지 않았다. 즉, 디센터 발상은 전혀 없다는 증거이 다.

이성적인 대응을 가능케 한다

단순히 생각해도, 물건의 값이라는 것은 오르거나, 내리거나 아니 면 변동이 없거나의 세 가지 밖에 없다. 이 세 가지의 경우를 각각 상정해서 디센터 발상을 하면 화장실 휴지와 같은 것으로 우왕좌왕 하는 추태는 보지 않고도 끝날 것이다.

디센터 사고란 이성적인 대응을 가능하게 한다. 이성적 대응이라 는 것은 무엇인가 하면, 이 경우 물건의 값이 급격히 오르면 물건을 살 수 없게 된다는 냉정한 경제 원칙을 근거로 하는 것이다. 상매 (商賣)를 하는 사람이라면 누구나 알 수 있겠지만, 하루밤 사이에 식찰을 전부 네 배로 하면, 크게 벌 수 있겠지 하지만, 그것이 불가 능한 것은 그런 것을 하면 팔기 어려워지는 것이 당연한 일이기 때문이다. 즉, 석유가 가격이 단번에 4배로 올랐다는 것은 석유가 팔리지 않게 된다는 것이고, 또 팔리지 않게 되면 산유국에 석유가 남게 되며, 이렇게 석유가 남으면 곤란한 것은 산유국 쪽이고 저쪽 에서 팔러 온다.

적어도 석유가 오지 않는다고 쩔쩔매면서 아랍 제국에 시시한 아첨을 할 필요가 전혀 없었던 것이다.

군더더기지만, 기억을 곧잘 잃어버리는 분을 위해 말하면, 당시의 정부는 아랍 산유국의 기분을 묻기 위해 "이스라엘과 국교를 단절해도 아랍과의 우호관계는 지킨다."라고 발표까지 했던 것이다.

얼마나 이성적인 디센터 발상은 할 수 없었는가의 견본과 같은 추태라고 말하지 않을 수 없다. 비록 석유라고 하더라도 철광석 등과 같이 경제 원칙에 따르는 것이므로 값을 올리면 팔리지 않는다.

하지만 대부분의 전문가는 "석유는 정치상품이므로 경제 원칙은 적용되지 않는다."라고 해서 나와 상당한 논쟁을 하였다. 결과는 어땠는가. 세계 각국이 소(省)에네가 되어 석유 소비량이 현격히 적어졌다. 소비량이 내려갔다는 것은 석유가 팔리지 않게 되었다는 것이고, 한때는 1배럴에 30달러 근처까지 올랐었지만 현재는 필사적으로 18달러 선을 지키려고 고심 참담하고 있는 형편이다.

'자기 중심주의'의 중심을 이동시키자

우리가 왜 디센터 발상을 할 수 없었는가 하는 요인은 이미 서술했다. 단일민족이 되는 과정과 그 후의 오랜 역사에 있어서 늘 이질적(異質的)인 것을 배제해 온 것과 언어학상에서 말하면 논리를 지배하는 뇌와 정서를 주관하는 우뇌(右腦)의 회로가 어딘가에서 고장이 난 것이다.

좌·우뇌의 움직임에 대해 하나만 마지막으로 덧붙이면, 어떤 학자의 설로는 우리나라 사람의 경우, 귀뚜라미가 귀뚤귀뚤 우는 소리는 좌뇌에 들어가고, 미국인의 경우는 우뇌에 들어간다고 한다.

즉, 우리가 귀뚜라미의 울음소리를 듣는 경우는 논리·언어계의 뇌의 회로에 들어가고, 미국인의 경우는 정서·음악계의 회로에 들어간다는 것이다.

그렇게 생각하고 들으면 그렇게 들리는데, 이렇게 되면 귀뚜라미는 훌륭한 기상학자이고, 논리·언어를 자유롭게 구사할 수 있기 때문에 우리는 귀뚜라미를 특별한 것으로 생각하게 된다. 독서의 계절, 가을이라도 귀뚤귀뚤 하고 우는 벌레 소리는 생각에 잠기게 하는 존재이다.

이렇게 생각하고 그 학자의 설을 듣고 난 후, 미국의 대학에 강의하러 갔을 때, 학생이나 교수들과 만날 때마다 "당신은 가을이 되어 귀뚜라미가 창문같은 데서 귀뚤귀뚤 하고 울고 있으면 어떻습니까?"하고 물어 본 적이 있다.

전원이 "시끄럽기 때문에 밟아 죽입니다."하고 대답했다. 이것은 우리의 감각으로는 생각할 수 없는 일이고, 바퀴벌레는 죽이지만 귀뚜라미는 죽이지 않는다.

쓸데 없는 일이지만, 왜 우리는 바퀴벌레는 원수로 생각하고, 귀뚜라미는 연인처럼 귀여워하는 것일까. 눈, 얼굴, 모양 색깔이 검다는 점에서 별 차이가 없는데 즉, 귀뚜라미는 귀뚤귀뚤 하고 우리에게 말을 거는데, 바퀴벌레는 말이 없기 때문이다.

실은 바퀴벌레도 울지만, 초음파이기 때문에 인간의 귀에는 들리지 않는다.

바퀴벌레는 불결하기 때문이라고 말하는 의견이 압도적인데, 귀뚜라미도 역시 기어 돌아다니고 썩은 먹이를 좋아한다는 점에서 바퀴벌레 이상으로 불결하다. 청귀뚜라미를 기른 경험이 있는 사람이라면 짐작이 갈지 모르지만 그 곤충은 서로 잡아먹는 것이 숙달되어 있어 특히 암컷이 수컷을 먹어 버린다. 사마귀와 큰 차이가 없다.

그 점에서 바퀴벌레는 동료가 덫에 걸리면 모여들어 도우려고 한다는 것이다. 그러면 어느 쪽이 고급 생물인지 인식을 새롭게 하지 않으면 안된다.

우선 가정 주부는 눈을 치켜올려 바퀴벌레 퇴치에 여념이 없지만 바퀴벌레가 아기를 먹여 죽인 예는 없다.

바퀴벌레가 인간에게 미움을 사는 것은 단지 울지 않는다는 점에 있는데, 더구나 그것도 좌뇌파인 사람에게만 적용된다. 서구인의 경우엔 울든 울지 않든 이해 불능인 점에서는 똑같이 밟아 죽인 다. 생각대로라면 이것은 위험한 경향이다. 우리는 우리들밖에 이해 할 수 없는 언어로 서로 떠들고 있다. 우리나라 말은 우리 민족 이외엔 거의 알 수 없는 특수 언어이다. 이해할 수 없다는 점에서는 바퀴벌레와 같은 것이 된다.

또 머리가 검다는 점에서도 바퀴벌레와 다를 바 없는데, 이것은 웃을 일이 아니다.

히틀러는 금발을 사랑하고 흑발을 미워했는데, 원래 흑발계의 유태인을 학살한 것은 그 때문이라는 설이 있다.

이야기를 처음으로 돌리자. 이 때를 매듭짓는데 있어서 다시 한번 반복하면, 우리는 우리만의 특수한 세계에 틀어박혀 있어서는 금후 바퀴벌레와 같은 죽음을 당하지 않는다고 장담할 수 없다.

그 때문이라도 디센터 사고를 훈련할 필요가 있는 것이 아닐까. 우리나라 사람이 디센터를 골칫거리로 알고 있는 것은 논리로 정확 히 정리해야 하는 곳에 정감(情感)이 숨어 들어가 버리기 때문이 다.

물론 이 성질은 한 번에 언어를 변화시킬 수도 없고 주위와의 '화(和)'를 존중한다는 점에서 바람직한 점도 있으므로 좋은 면은 좋은 면대로 키워야 한다.

　좌뇌, 우뇌의 기능으로 말하면 이것은 유전적인 요소가 적다. 실제로 미국에서 자란 우리나라 사람인 경우, 귀뚜라미 소리는 우뇌에 들어간다는 연구 결과도 나와 있는 것이다. 그렇다고 하면 우리는 유전적으로 디센터 발상을 할 수 없다는 것은 아니다. 요는 적극적으로 '민족 일체적 자기 중심주의'의 중심을 이동시키는 노력을 해야 할 것이다.

4 다시 이스라엘인의 독창력에 대해

이스라엘 교도의 안식일 '샤밧'

앞에서도 말했듯이, 나는 이곳 이스라엘의 연구를 시작한 바로 전날도 친구들과 그룹으로 막 나갔는데, 이번 여행에 있어서 아주 뜻밖의 발견을 했다.

잘 아시는 대로 유태교에서는 금요일의 일몰(日沒)부터 다음 토요일의 일몰까지가 안식일로 일체의 일을 해서는 안되는 것으로 되어 있다.

이 안식일은 '샤밧'이라고 해서 절대로 일을 해서는 안된다. 예를 들어 가정에서 불을 사용하는 것 자체가 일로 간주되기 때문에 요리도 전부 차가운 것이 나온다. 따뜻하게 하면 일을 한 것이 되기 때문에 안되는 것이다. 그래서 가정 주부는 샤밧 전에 미리 요리를 만들어 두고, 그대로 먹을 수 있는 것을 내놓는 것이다.

벌써 10년 전이 되는데, 외국인 선수로, 유태인의 유태교도였기 때문에 주말의 야간 경기의 출장을 거부하려 해서 아무 것도 알지 못하는 우리의 프로 야구팬을 아연실색하게 한 적이 있었다. 그

정도로 유태인에게 있어 이 샤밧의 계율은 엄격한 것이다.

따라서 택시도, 전차도 전부 멈춰 버린다. 전화 정도는 걸 수가 있지만, 그 외의 사회활동은 모두 정지한다.

이것이 우리나라의 휴일이면, 아이를 데리고 동물원에 가거나 공원에 가거나 하는데, 그러한 일도 별로 없다. 교통기관은 움직이지 않고, 목적지에서도 영업을 전부 하지 않기 때문에 논다는 것조차 별로 없다.

최근에는 금연 운동이 세계적인 경향으로 되었는데, 외국에서 온 사람이 이스라엘에서 가장 곤란한 것은 담배에 불을 붙일 수 없다는 것이었다. 불을 사용하는 것은 일을 한 것이 되므로 담배도 피울 수 없다. 외국인이고 종교도 다르다는 이유로 너그럽게 봐주어 자기 방에서 피우는 것은 상관없지만, 그래도 재떨이에 재를 남겨서는 안되게 되어 있다.

내게 있어 유일하게 머리가 아팠던 일

이스라엘의 샤밧엔 이같은 엄격한 계율이 있지만 여행자에게는 골치아픈 문제였다. 〈지붕 위의 바이올린〉의 무대를 본 분이라면 아시리라 생각하지만, 국민 전체가 집에 틀어 박혀 한 집안의 주인이 켜는 한 자루의 촛불 앞에서 기도와 일종의 찬미가(讚美歌)만의 생활을 하는 것이다. 일은 일체 하지 않는다.

이러한 상황은 관광객에 있어서도 최악이다. 일반적으로 우리의 경우, 호텔방에 틀어 박혀 불경을 외는 습관은 가지고 있지 않다. 투어 코디네이터인 나는 손님에게 무위무작의 행위를 강요할 수는 없기 때문에 금요일이 되면 일몰 전에 케이블카가 움직이지 않는 동안 유태인이 로마에게 공격당했을 때, 천명 가까운 사람이 요색에 몸을 던져 집단 자살한 유명한 유적을 관광한다. 그리고 금요일

밤부터의 샤밧에 들어가면, 사해(死海)근처로 이동한다. 아무리 샤밧이라고 해도 호수가 쉬는 일은 없으므로 보는 것은 가능하다는 것이다.

사해를 보고, 예루살렘으로 가 '골고다의 언덕'이나 '최후의 만찬'의 고적지라고 불리우는 겟세마네 공원을 돌아본 다음, 유다, 크리스트, 이슬람 3대 종교의 발상지의 순회관광을 하는 형편이 되는 것이다. 아무래도 길거리를 보고 싶다는 희망이 있을 때, 이슬람교도인 경우는 금요일 하루만 휴일이므로 이슬람교도가 많이 살고 있는 베들레헴 근처로 가는 것으로 하지만, 어쨌든 이스라엘 국가 전체가 완전 휴일이 돼버리는 샤밧은 우리들 관광객에게 있어서는 실로 상황이 나쁜 것이었다.

'샤밧'은 독창력이 낳은 원점

이 샤밧이 얼마나 스케줄에 영향을 미치지 않게 하는가가 두통의 씨였는데, 이번에 가보고서야 비로소 깨달은 것이 있다.

결론부터 말하면, 샤밧으로 완전히 쉬는, 일체 일을 하지 않는다는 것이 실은 독창력을 낳는 원점이라는 것이 천계(天啓)와 같이 갑자기 머리에 떠올랐다.

우리의 경우에도 이 휴일의 이용 실태를 보면, 관광지를 목표로 하기 때문에 도로가 차의 럿쉬로 채워진다.

또한 가정 서비스를 겨우 모면한 골프족이나 프로야구 관람가도 모두 같은데, 논다는 명목으로 실제로는 움직이고 있는 것밖에 되지 않는다.

노동이라든가 비즈니스라든가 소위 일이 아니라는 것뿐이고, 머리와 신체를 혹사하는 것에서는 오히려, 평일의 업무보다도 수배 움직인다고 해도 좋을 것이다. 이래서 피로가 쌓이는 것은 당연하며 월요일부터의 본업에 독창적인 아이디어가 나올 리가 없다. 화요일, 수요일, 점점 요령이 생긴다. 아주 노는 것과 일이 혼연일체인데 거꾸로 말하면 어느 쪽을 해도 피로하다는 것이다. 철저히 발상의 전환을 하는 데는 일체의 일을 제로로 돌리는 것밖에 없다는 것이 조직공학에서 연구해 온 결론이다. 이 제로로 돌린다는 관점에서 샤밧을 생각해 보면 우리들 보통 생활인에게 있어서 이 습관은 마치 석가가 보리수 아래에서 도를 깨달은 것같이 혹은 모세가 시나이 산 정상에서 신으로부터 십계의 계시를 얻은 것과 같이 또는 크리스트가 산상의 수훈을 찾아낸 것과 같은 상황에 자신을 놓는 것이다.

이것이 샤밧의 본질이 아닐까.

그것이 있기 때문에 이스라엘 민족은 앞에서도 말한 것같은 그들 민족의 독특하며 훌륭한 독창력이 생겨나오는 것이 아닐까. 이것이 이번 여행에서 얻은 나의 큰 발견인 것이다.

일체를 제로로 돌리기 위한 공요일을!

여담이지만, 이전에 이스라엘 친구가 반농담으로 이런 말을 한 적이 있다. "유태인이 세계에 공헌한 일을 단 하나만 들라면 그것은 일주일에 하루의 휴일을 만든 것이다."

이것은 사실이고, 샤밧의 습관은 아득히 먼 4000년 전의 모세부터 시작되고 있으므로 세계 최고이다. 이 습관이 크리스트교의 일요일, 이슬람교의 금요일에 쉬는 것으로 이어져 쉬는 것에는 아주 무관심했던 우리나라 사람도 이 은혜를 입어 일요일이 쉬는 날로 되었던 것이다. 나 자신도 머리 속에서는 철저하게 쉬는 것이 독창력을 낳는 원점이라고는 생각하고 있지만, 쉰다는 것에 있어서는 아무런 법칙성을 갖지 않았던 민족의 피가 흐르고 있는 탓인지, 무의식 중에 경원시 해온 것같다.

완전히 아무 것도 하지 않는다는 것은 대단한 의지력과 노력을 필요로 한다.

그 정신력이 없으면 가만히 있는 것이 고문과도 같고, '야, 스포츠다, 레저다'라고 해서 구실을 만들어 달아나는 것이다.

이 달아난다는 점에서는 내가 이스라엘에서 샤밧을 피하려고 한 것과 아주 같았다. 머리 속에서 일어난 현상이 일체를 제로로 돌리기 위한 공요일이고, 거기에서 유태인의 독창력이 나오는 것이라면 지금까지 어떻게 하면 샤밧을 피할 수 있을까 하고 골머리를 썩힌 나는 바보인 것이다.

디센터 발상의 제창자이면서 전혀 디센터 이론이 몸에 배지 않았던 것이 되기 때문에 금후엔 적극적으로 샤밧 속에 빠져 들려고 한다.

거기에서 우리의 골칫거리인 완전 휴일의 이용법과, 독창력을 발휘하기 위한 방법론을 배우려고 생각한 것이다.

나의 또 하나의 비(非) 디센터 현상

나의 비(非) 디센터 현상이 또 하나 있으므로 고백해 둔다.

요즈음 '샤밧'이라는 말을 몇 번이나 써왔지만, 그 어원(語源)은 '안식일'정도로 생각하고 그 이상 깊이 조사해 보지도 않았다. 하지만 이스라엘에서 돌아와 보니, 옥스포드 대학으로부터 친구인 브랜든 교수라는 사람에게서 편지가 왔는데, 자신은 지금 'SABB-ATH'에서 런던으로 왔다고 한다. 이 사람은 이스라엘 국립 연구소의 교수를 맡고 있다.

나는 멍청하게도 'SABBATH'의 의미를 깊이 알고 있지 않았기 때문에 게으름 피우는 것인가 하고 고개를 갸웃거리면서 가장 큰

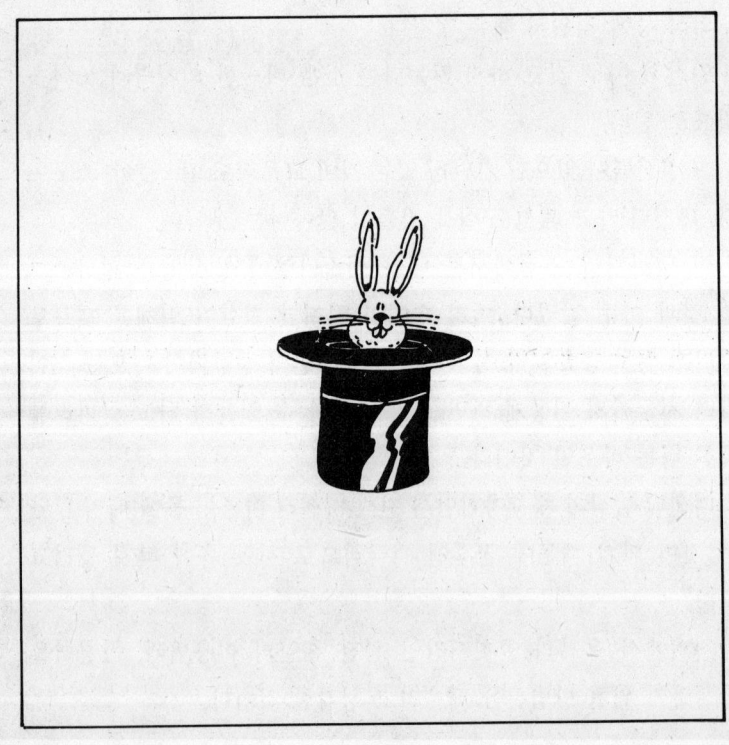

영어사전에서 'SABBATH'의 항목을 찾아보니 놀랍게도 이것이 '샤밧', 즉 유태인이 4000년 동안 계속 지켜 온 안식일이었던 것이다. 구미의 대학교수나 연구원이 6년에 한 번인가 '사바'라고 해서 연차휴가를 얻는 것은 알고 있었지만, 이 습관이 유태교의 샤밧에서 나와 6일 간 움직이면 하루의 휴식을 취하는 것과 같은 원리이고, 6년 간 일하면 1년 간 일을 하지 않는다는 것을 의미한다는 것까지는 알지 못했다.

브랜든 교수가 옥스포드에 있는 것은 이스라엘 국내에 있으면 꼭 일을 해버리므로 해외에 일년 간 받아 줄 곳을 구해 이주(移住)하는 것이다. 물론 일을 해서는 안되기 때문에 급료도 받지 않고, 그야말로 선승(禪僧) 생활과 같은 기간을 지내는 것이다.

전부터 나는 십년 단위로 자신의 일의 침(針)을 제로로 돌리는 것을 해왔고, 그것이 독창력의 원점이 된다고 주장해 왔지만, 이스라엘 국민은 이미 4000년이라는 옛날부터 그것을 알아차리고 6일 단위로 완전하게 침을 제로로 돌리는 것을 습관붙여 왔던 것이다.

6
역경의 발상이
경이적인 힘을 발휘한다!

● 머리의 좋고 나쁨은
여기에 차이가 있다.

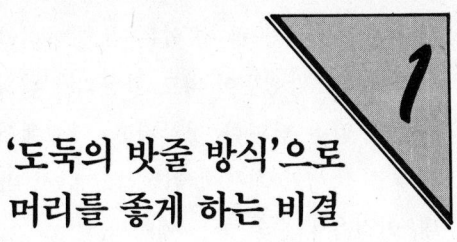

'도둑의 밧줄 방식'으로
머리를 좋게 하는 비결

미국이 깜짝 놀란 비행기는 어떻게 해서 생겨났는가

호기심이 머리를 좋게 한다는 항에서 내가 '긁어 부스럼' 으로 살모사에게 오른손을 물린 이야기를 했는데, 이번에는 '니승(泥繩)' 이라는 것을 생각해 보자.

니승이라는 것은 좀더 확실하게 설명하면 도둑의 새끼줄이 아니라, 도둑을 붙잡고 나서 오라를 꼰다는 의미로 용의주도(用意周到), 준비만반의 반대로, 일이 일어나고 나서 당황해 준비를 하는 것이고, 그다지 좋은 의미로는 쓰여지지 않는 말이다.

그러나 잘 생각해 보면, 우리들이 무언가 새로운 일을 할 경우, 의외로 이 방식을 취하는 경우가 많다고 생각한다. 예를 들어 대대로 이어온 유명한 가계를 이을 사람이나 어릴 때부터 수행해 배운 전통공예의 직인이라면 미리 준비만반을 갖추고, 용의주도에 주도를 겹쳐 그 일에 임하겠지만, 일반 대학을 나와 회사에서 근무하는 샐러리맨은 대개가 무언가 새로운 사태에 직면하고 나서 당황하여 문제 해결에 나서는 쪽이 많다. 간단히 말하면 법학과를 졸업한 사람이 변호사가 될 수 있는 것은 아니라는 말이 있다.

앞에서도 말했듯이 나도 항공과를 나와 비행기 회사에 들어갔기 때문에 언뜻 당연한 것같지만, 학교에서 배운 것은 전혀 도움이 안되고, 비행기 회사에 취직하고 나서 비행기 공부를 시작한 셈인데, 이것은 니승의 좋은 예이다.

자랑을 하는 것은 아니지만, 이 니승방식으로 명(名)전투기라고 불리는 비행기를 설계하였는데, 당초에는 미국이 깜짝 놀랐다.

미국을 놀라게 한 탓으로 전쟁에 지고, 포츠담 선언으로 우리나라는 일체 비행기를 만들 수 없게 되버렸으므로 여기에 곤란했었다.

결국 나의 인생은 제로라는 것이고, 한때는 진지하게 청산가리를 먹고 자살을 생각했을 정도로 괴로워했다.

완전한 노이로제이고, 타고난 불면증이 단숨에 밀려왔지만 다행인지 불행인지 K대학에 적이 있었으므로 의학부에 비틀비틀하고 얼굴을 내밀어 도와 주었다. 그러자 내 상담에 응해 준 선생이, "그렇게 괴로우면 수면 연구를 하면 어떨까."라고 해서 또다시 니승식으로 시작한 것이, 메디칼 에렉트로닉스이다. 현재는 그것의 약자로 ME학회라는 부문도 있는데, 나는 그 창시적인 존재가 되었다.

수면연구라고 해도 처음에는 뇌종양(腦腫瘍)의 위치를 알기 위한 뇌파 측정기를 만들 수 없을까하는 것이 문제였지만, 나는 유체역학이 전문이므로 뇌파의 '뇌'자도 알지 못했다.

의학적인 면은 횡설수설이지만 비행기에 계기(計器)는 따라다니기 마련이므로 무언가 되겠지 해서 시작했던 것이다. 결국 뇌파로부터 시작해서, 심전도(心電圖), 근전도(筋電圖)로 나가 마지막에는 미국으로 가 영국의 빅 포드라는 박사와 자동마취기 즉, 마취의 깊이를 일정하게 유지하는 기계까지 개발했다.

그리고 다음이 내 이름을 유명하게 한 로케트 연구인데, 이것도 우주 관측을 할 필요가 생겼기 때문에 급히 로케트학을 공부한 것이며, 아무런 준비도 없었다. 완전한 니승으로 시작한 것이다.

니승 방식은 '쾌속(快速)'이 생명

이러한 준비없는 일은 처음부터 본격적인 것이 의외로 많은 것이다. 특히 최근과 같이 산업구조가 급격히 변화할 때 자신의 전문 분야를 고집해서는 안된다. 기술계 공무원이 영업으로 돌려지는 일 등이 일상 다반사적으로 일어나고 있다. 좋든 싫든, 니승 방식으로 하지 않으면 안되는 일이 많아지고 있다.

하지만 니승이라는 방법을 국어 사전적으로 말하면 쾌속인데 실제로 해보면 의외로 쓸만하다. 예를 들어 도둑을 잡기 전에 준비를 다했다고 해도 도둑을 잡아 보면 줄이 모자라게 되는 경우도 일어날 수 있다. 그렇다면 도둑을 잡고 나서 줄을 만드는 쪽이 상당히 합리적이다. 단, 이 경우 도둑이 도망가지 않는 사이에 만든다는 것이 절대조건인데, 도둑이 하품을 참으면서 기다려 줄 리가 없기 때문이다.

즉, 우리들이 일을 할 경우, 문제가 일어나서 그 문제를 해결하기 위해 공부를 시작해도 좋지만, 너무 슬로우 모션이어서는 도움이 안된다. 쾌속으로 처리할 수 있는 사람이야말로 '니승·승술(泥繩·繩術)의 달인이라고 말할 수 있을 것이다.

니승의 명인이 되는 비결

그러면 이 승술(繩術)의 명인이 되는 비결은 무엇인가 하면, 자신의 파장에 맞는 교과서나 교사를 재빨리 발견하는 것이 제일이다. 인간에게는 의외로 파장이라는 것이 중요하고, 라디오 방송을

182

6장—역경의 발상이 경이적인 힘을 발휘한다! 183

들으려고 생각하면 그 방송국에 주파수를 맞추지 않으면 안되는 것과 같은 원리로 자신의 주파수에 맞는 방법이나 선생이 없으면 아무리 노력해도 머리 속에 들어오지 않는다. 예를 들어 내가 국민학교 학생에게 산수를 가르쳤다는 것은 앞에서 말했지만, 그때 막 4학년이 된 여자 아이에게 펀치를 받은 적이 있다.

펀치라는 것은 내가 가르치는 방법의 불비(不備)를 통렬하게 공격당했다는 것이다.

즉, 소수의 곱하기 계산을 가르치고 있었는데, $0.01 \times 100 = 1.0$ 이 되는 수식을 설명하면서 다음과 같이 말했다.

"오른쪽의 곱하는 숫자에 0이 2개 붙어 있지. 거기에서 0을 우선 하나 없앤다. 그리고 없앤 0의 수만큼 왼쪽에 붙여진 소숫점의 위치를 움직인다. 자아, 해보자. 0을 하나 없앤다. 그리고 소숫점을 하나 오른쪽으로 움직인다. 또 하나 0이 있으니까 이것을 없앤다. 소숫점을 또 하나 움직인다. 그러면 답은 1.0이 된다."그러자 나의 설명을 듣고 있던 여자아이가 이상한 듯한 얼굴을 하고 이렇게 말했다. "선생님, 엔진도 붙어 있지 않은데 무엇으로 소숫점을 움직여요?"

나는 매우 당황했다. 확실히 소숫점에는 엔진이 붙어 있지 않고, 발도 붙어 있지 않다. 동력(動力)이 없는 것이 움직이는 것은 유령인 것이다. 아이가 말한 쪽이 과학적이다. 나는 필사적으로 선후책(善後策)을 강구했다. "과연 네 말대로다. 선생이 나빴다. 즉, 이렇게 생각하자. 이 소숫점은 너의 집 주소다. 매일 학교에서 여기로 돌아온다. 하지만 이번엔 도로공사가 있어 집을 헐지 않으면 안되게 되었다. 어딘가에 새로운 집을 지어야 하지만 어디에 지으면 좋을지 잘 모르겠다. 그래서 관공서에 물으러 가니 전의 번지로 정하라고 말했다. 즉, 100번지에는 0이 2개 붙어 있으니까 앞 번지로 2개 옮긴다. 앞의 0은 헐었기 때문에 없어지고, A는 1.0이 된다."

그 설명을 다시 했더니, 그 아이는 뭐라고 말했던가.

"뭐야, 그럼 처음부터 그렇게 말하면 좋을 텐데."

그때 이후, 그 아이는 소수 계산에 대단히 강해졌다. 즉, 아이의 머리에는 각자 맞는 주파수라는 것이 있고, 그 주파수에 맞는 설명을 하면 곧 알 수 있는 것이다.

나 자신도 경험이 있다. 고교시절에 한때 수학이 싫어졌던 적이 있는데 그 원인은 교사에 있었다. 학생이 문제를 풀면, 바로 그 순간에 기분이 나빠지고, 할 수 없어서 웅웅 소리를 내면 싱글싱글 기뻐하는 성격 이상인 타입으로 정말 지긋지긋해 수학도 싫어졌던 것이다. 참고서도 같아서 한 문제를 푸는 데에 20페이지나 이용하고, 이것도 아니고 저것도 아닌 소용없는 풀이법을 설명하고 있는 책도 있어 읽는 것만으로 지쳐버려 중요한 정해법(正解法)을 조금도 알 수 없게 되어 버린다.

그런가 하면 단 한 줄만 힌트가 써 있고, 다음은 스스로 생각해야 하는 방식의 참고서도 있다. 이렇게 되면 단, 한 줄의 힌트를 읽기 위해 일부러 책을 사는 바보가 있을까 하고 화가 치밀어 온다. 즉, 장황해도 안되고, 너무 간단해도 안되며 역시 자기 머리의 회로, 주파수에 맞는 선생이나 참고서를 발견하지 않으면 안된다는 것이 된다.

이것은 학생 뿐만 아니라, 사회인이 되어도 같은 정도를 넘어서 더욱 중요성을 갖는다. 관리직이라도 되면 한 번에 대응해야만 하는 것이 늘어날 뿐이다.

그때가 되어 자신의 파장에 맞지 않는 인간이나 책에서 고생해 정보를 얻어서는 소용이 없다. 일찍, 니승(泥繩)을 만들지 않으면 안되는 것이다.

186

'좋아하는 것부터 계단식으로'가 요령!

그 방법에 대해서는 각자가 자신의 주파수를 발견하는 것밖에 없는데, 간단히 말해 예를 들어 레이저 광선에 대해서 공부할 필요가 생겼다고 하자. 그러면 수식에 대해서 자신이 있는 사람은 중학교 때쯤 이과(理科) 교과서에서 처음 본 것이 효과적이다.

한편 수식에는 전혀 자신이 없는 사람이라면, 레이저 광선을 발견한 인물의 전기를 읽는 것만으로도 대강은 알 수 있다. 각자 자신이 있는 분야에서부터 파고 들어가는 것이 요령이고, 이것은 수학의 항에서 설명했듯이, 계단식 공부법이야말로 머리를 좋게 하는 비결의 응용문제이다.

여담이지만, 나의 첼로 연주로 말하면 예를 들어 쇼팽의 〈서주와 화려한 폴로네이즈〉라는 곡에 도전하지 않으면 안되게 되었다고 하자. 이 곡은 첼로 주자 내에서도 난곡(難曲) 중에 난곡으로 되어 있는 것이고, 보통 아마추어라면 경원시 하는 것인데, 나는 생일 기념 콘서트로 굳이 이 난곡에 도전한 적이 있다.

그 때의 훈련법을 소개하면, 제1소절부터 제120소절까지 있는 가운데서 가장 어려운 것은 대체로 어느 곡에서나 가장 처음 소절이고, 작곡가라는 것은 듣는 사람을 놀라게 하는 것이 습성이므로 반드시 최초로 어려운 시울(施律)을 가져오기 때문이다. 따라서 순번대로 처음부터 잘 켜려고 생각하면, 우선 첫 단계에서 실패로 시작하게 되는 것이고, 이래서는 며칠 걸려 연습해도 다음으로 갈 수 없다.

따라서 우선은 처음을 뛰어넘어 가장 쉬운 소절부터 시작한다. 가장 쉬운 곳은 대개 마지막 소절이기 마련이다.

인간의 정감으로는 매듭이 좋다고 하는 결말을 바라는 것이므로 마지막에서 놀라게 해서는 곤란하다.

그래서 마지막은 대개 쉬운 시율이 오게 되어 있는 것이다. 즉, 순서에 구애받지 않고, 가장 쉬운 곳부터 출발하는 것이 난곡을 소화시키는 요령인 것이다. 언뜻 보면 뿔뿔이 흩어진 듯해도 나중에 구성하면 된다. 이 간단한 것부터 계단 스텝 방식으로 오르는 것이 나의 비결이고, 언뜻 보면 급할수록 돌아가라는 식으로 보일지도 모르지만, 그것은 이처럼 당당하게 돈다는 식과는 성질이 다르다.

육상 경기의 높이뛰기에서도 정면에서 일직선으로 달려가서는 뛸 수 없고, 높이 뛰어 오르려고 하면, 천천히 큰 보폭으로 원을 그려 점점 속도를 내서 마지막에 순발력으로 붕하고 뛰어 오른다.

이 순발력을 충분히 발휘하기 위한 조주거리(助走距離)와 그 커브, 그것을 마스터하는 것이 머리의 하이 점프의 승부를 결정하는 것이다.

2 머리의 좋고 나쁨은
여기에서 차이가 난다

두뇌의 진보를 위해 필요한 '호기심'

수사론(數蛇論), 니승론(泥繩論)으로 이야기를 진행해 왔는데, 이 항에서는 수사론을 보강하는 의미에서 다시 호기심에 대해서 생각해 보고 싶다.

인간은 크게 나누어 무슨 일에 관해서든 상당히 호기심이 강한 사람과 무엇을 보든지 멍하게 지나쳐 버리는 사람, 두 종류가 있다.

예를 들어 늑대 소년 경우에서도 알 수 있듯이 인간 사회로부터 단절된, 정보나 자극이 전혀 없는 환경에서는 인간의 머리가 좋아질 수가 없기 때문에 가능한 한 정보가 많고 자극이 풍부한 환경에 있는 것이 머리의 진보를 위해 바람직하다.

그러나 아무리 풍족한 환경 속에 있어도, 정보나 자극이 머리 속을 훤히 들여다 보아서는 아무 것도 되지 않는다. 그래서는 소 귀에 경 읽기이다.

정보처리 능력과 자극에 민감하게 반응하는 감수성이 필요한데, 여기에서는 일단 외부로부터의 정보, 자극의 문제는 제외시켜 두고 내부 문제인 호기심의 이야기를 하고 싶다.

호기심이라는 것은, 외부로부터의 정보나 자극의 양에 관계 없이 스스로 무언가에 관심을 갖는 것이므로 말을 바꾸면 능동적, 적극적인 뇌의 활동을 말하는 것이고, 이 강약이 머리의 좋고 나쁨을 결정한다고 해도 좋다.

흔히 고령자의 노망 방지로서 호기심을 갖는다는 화제가 나오는데, 뇌(腦)의 적극적인 활동이라는 점에서는 고령자에게만 한정된 것이 아니라, 장년, 청년, 소년 등 모든 연령층에 있어서 이 호기심이 있고 없음이 큰 문제가 된다.

젊어도 망령난 사람이 있고, 80, 90세라도 망령이 나지 않은 사람도 많은 것이다. 결국 호기심이라는 것은 본래 연령과는 상관없는 것인데, 굳이 연령이라는 점에서 말하면, 고령자도 중요하지만 오히려 유아기, 소년기에 각 방면의 활동을 높이는 훈련을 하는 것이 중요하다고 생각한다.

나 자신도 고령자의 한 사람이기 때문에 굳이 말하자면 65세가 지나 갑자기 분기해도 노벨상을 탈 수는 없다.

역시 이제부터 성장하는 연대가 중요한 것이다.

'왜?'하는 인간일수록 크게 된다

노벨상을 수상하신 B선생과 만났을 때, 어렸을 때엔 무엇에 흥미가 있었는가 물었던 적이 있다.

예상 외인지 아니면 예상 대로인지, 선생은 어렸을 때 들판을 걸어 다니는 것을 좋아하고, 이 꽃과 이 꽃은 어떻게 다르고, 어디가 닮았는가, 라는 식물의 분류에 상당히 흥미를 갖고 계셨다고 한다. 즉, 식물학의 분류가 여러 가지 화학화합물로 관심이 옮겨졌지만,

확실히 큰 연관이 있다.

예를 들어 물리학은 하나의 기본법칙으로 움직이는데, 화학은 하나의 기본법칙으로는 움직이지 않는다. 물론 생물학은 하나이기는 커녕 천차만별의 법칙이 움직인다. B선생은 그 천차만별에의 호기심에서 출발하여 화학에 이르고, 화학에 법칙이 없다는 것으로 대학시절에는 거꾸로 법칙이라는 것에 흥미를 갖고 양자물리학의 강좌를 열심히 수강받았다고 한다.

즉, 여기에도 포앙칼레의 법칙이 적용되는데, 출발 지점은 왕성한 호기심이다.

B선생은 노벨상을 수상하실 정도의 인물이므로 원래 머리가 좋지만, 이 책에서는 유전적인 부분은 언급하지 않는 원칙이므로 이 호기심의 강도를 오로지 강조해두고 싶다.

호기심이 강한지 약한지는 선천적인 문제가 아니라 본인의 마음 먹기에 달려 있다. 본인이 호기심을 가지려고 하는지 어떤지로 결정되는 것이고, 하나에 흥미가 생기면 차례로 누승적(累垂的)으로 발전해 가는 것이다.

따라서 호기심에 한발 내딛는 사람과, 한 발도 내딛지 못하는 사람과의 거리는 순식간에 백보, 아니, 천보, 수만보로 천문학적인 차이가 되어 버린다.

예를 들어 두 사람이 같은 한 그루의 벚꽃나무를 바라본다고 하자.

한 사람은 '아아, 아름답게 피어 있구나'라고 생각한다.

또 한 사람은 '어떻게 이렇듯 예쁜 꽃을 피울 수 있을까?'하고 생각한다.

이 '어떻게?(왜)'야말로 호기심의 원점이고, 이것이 있는 사람과 없는 사람과는 천지 차이가 난다. 모든 일에 흥미를 가지면 보는 것, 듣는 것 삼라만상 모두가 신선하게 머리 속에 들어 온다.

대상물에 호기심과 흥미를 갖는 비결은 그 대상물과 자신과의 관계를 생각하는 것이다. 어딘가에서 자신과 연결이 있는 것은 아닐까 하고 의문을 느끼는 것이다.

그래서 이 점에서 말하면 흔히 '상관 없어요'라고 입버릇처럼 말하는 사람이 있는데, 이러한 사람은 스스로 '나는 머리가 나쁜 인간입니다'하고 선전하고 다니는 것과 같은 짓이라고 생각한다.

이 관계야말로 호기심의 원류(源流)이고, 이 원류는 여러 가지 지류(支流)와 합하면서 마지막에는 강이 되어 큰 바다로 흘러가듯이 도중에 싹둑 잘라 버려서는 아무 것도 되지 않는다.

천(川)이 합류하듯이 새로운 대상과 만날 경우, 그때까지 자신이 쌓아온 지식을 그 대상과 관계짓는 것이 중요하다.

지식과 지식을 연결하는 것에서는 지혜가 생겨난다. 그래서 텔리비전의 퀴즈 프로그램에서 참피언이 된 사람을 '머리가 좋다'고는 말하지는 않는다. '잘 알고 있구나'한다. 맥락이 없는 지식을 백과사전처럼 많이 갖고 있어도 사회적인 높은 평가는 별로 받을 수 없는 것이다.

'박식'과 '머리가 좋다'는 이것이 다르다

이 '박식(博識)'과 '머리가 좋다'를 결정적으로 나누는 것은 그가 가지고 있는 호기심이 단순히 사물을 아는 것으로 끝나 버리는지, 아니면 그 사물을 알고 있다는 지식을 새로운 지식과 연결지을 수 있는지로 하면 간단하지만, 실제 문제에서는 꽤 어려운 것의 차이라고 생각한다.

다시 한번 정리해 보면, 우선 호기심을 갖는 것부터 설명을 하겠는데, 아무리 호기심을 갖고 있어도 흥미가 생기지 않는다는 사람도 있을 것이므로 그 호기심을 갖는 전제에서 출발해야 한다.

그 전제는 역시 문제 의식이다. 예를 들어 지금 우리 경제는 어떠한 문제로 곤란한데, 이제부터 우리는 어찌 될까. 세계는 도대체 어찌 될까. 미국과의 무역마찰은 어찌될까—라는 것 등을 남의 이야기가 아니라 문제로서 자신의 책임으로 문제 제기를 하고 그 의문을 풀어본다.

자신의 문제로 의문에 답하기 위해서는 호기심을 왕성하게 움직이지 않으면 방정식을 푸는 열쇠가 보이지 않으므로 호기심은 필연적으로 활발해진다.

다음은 호기심으로 얻은 재료를 자신이 가지고 있는 재료와 억지로라도 상관 없으니 짜 맞추고, 자신 나름대로의 지식체계를 만들어본다. 그 지식체계를 가지고 우리는 어찌될까, 세계는 어찌될까 하는 방정식을 풀어보는 것이다.

그러면 텔리비전의 프로그램 하나를 보아도, 여행 한 번을 해도, 전차나 버스에 타는 것만으로도 눈에 들어오는 것의 의미가 그때까지와는 아주 다른 신선함으로 보여질 것이다.

늘 신선한 재료 보급이 가능한 상태가 된다. 그 재료를 여러 가지로 짜보는 것이다. 그리고 하나의 사고방식, 체계로 정리해본다. 그 체계로 의문점을 푼다.— 이러한 지식의 순환이 언제나 움직이는 사람이 결국 제 1장에서 서술한 머리 좋은 사람, 응용이 가능한 사람이 되는 것이다.

덧붙여 말하면 나는 추리소설을 좋아하고, 그 가운데서도 J씨의 간결한 문장과 풍부한 배경과 그 정경묘사가 참을 수 없이 좋은 것인데, 전철을 타고 전문서에 싫증이 나면 그의 책을 읽는다.

추리소설이라는 것은 처음에 문제가 제기되고 그 후에 몇 개인가의 현상이 불쑥불쑥 나오면서 마지막으로 그 뿔뿔이 보여진 현상이 사건에 연결되어 해답이 생겨나는 구조로 되어 있다.

즉, 소설 속에서도 스토리성이 상당히 강하다. 이 스토리가 기본이 된다는 점에서는 세상에 일어나는 사건, 현상의 선행(先行)을 예측한다는 것과 아주 같고, 현시점에서는 서로의 현상이 관계 없는 듯이 뿔뿔이 일어나는 것처럼 보여도 마지막 단계에서 결부되는 것이 많다.

세상의 현상은 반드시 스토리성을 가지고 있다. 바꿔 말하면 누군가가 스토리성을 갖게 하고 있다.

이 스토리성을 예측하고 자기 자신의 머리 속에서 구성해 보며 결말은 반드시 이럴 것이다, 라고 예측하는 것이 중요하다.

자신의 예측이 적중하면 이렇게 즐거운 일은 없는 것이다 라고 호기심이 더욱 더 자극되어 머리의 회전도 왕성해진다.

그리고 예측에서 생겨난 일이 세상에 평가를 받게 되면 인간으로서 더 이상 행복은 없는 것이다.

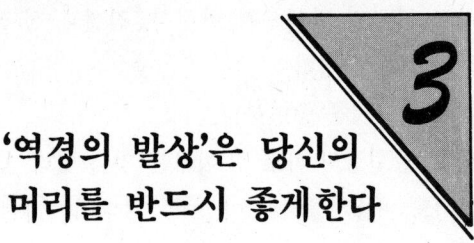

'역경의 발상'은 당신의 머리를 반드시 좋게한다

생각하지 않던 능력 · 재능은 이렇게 해서 생긴다

이 책의 스토리도 이제 점점 최종 장면의 크라이막스로 추리소설로 말하면 앗, 하고 완전히 거꾸로 뒤집히는 해결편을 맞은 셈인데, 나도 수수하면서도 '역전극'을 준비했다. 갑자기 사정을 설명하여 의문을 풀어 주고 나서 시작해 버리는 것이 내 추리소설의 큰 결정인데, 대개 가설(假說)을 처음에 세우고 그것을 증명해 가는 타입이므로 방법이 없다.

우리나라의 대부분의 추리소설은, 데이타를 겹쳐 쌓고 마지막에 그 데이타를 짜 맞추어 하나의 결론을 얻는, 소위 귀납법(歸納法)이다. 나의 경우는 일반적인 원리로부터 특수한 사실을 발견하는 연역법(演繹法).

범인을 처음부터 알고 있는 '형사 콜롬보'형의 추리소설인 것이다.

결국, '머리가 좋아지는 방법'을 푸는 열쇠는 '역경의 발상'이다.

"뭐야, 자신의 책의 시리즈를 한 글자만 바꿔 넣은 것 아니냐?"

라고 말하지 말아주기 바란다. 진실과 상당히 닮은 듯한 얼굴을 하고 있는 것이다.

이하 그것을 증명한다.

'화재 현장의 바보 힘'이라는 것이 있다. 보통 때는 양동이 하나 들어도 비틀비틀하는 여성이, "불이야!"하는 한 마디로 몇십 킬로의 중량의 짐을 들어 올리고 달리는, 믿기 어려운 현상을 말한다.

이러한 믿을 수 없는 현상이라는 것이 사실 존재하는 것이다. 허리가 굽은 노파가 노상강도를 만나면 획, 하고 허리가 펴지고 쏜살같이 달아난다는 이야기를 옛날에도 자주 들었다.

그때까지의 동물학자는 바보라고 했던, 곰과 만나면 죽은 시늉을 한다는 것을 산에 나물 캐러간 할머니가 실천해 완전히 그 설(說)이 바라는 것을 증명했다. 세상에는 믿을 수 없는 일이 일어난다.

실은 이들의 현상을 특별히 믿을 수 없는 것은 아니다. 인간이라는 것은 절대절명의 위기를 맞은 때에 생각지도 않은 능력을 발휘하는 동물이라는 것을 이야기하는 아주 적은 예에 지나지 않는다.

인류 발전의 원동력이라는 것은 무엇인가

인류가 350만 년인가 전에 지구상에 모습을 나타내고 지구상의 어디에서 태어났는가는 크게 나누어 아프리카설과 중국 북경설의 2가지인데, 일단 유력한 아프리카설을 생각해 보자.

먼저, 인류가 발생 이래 맞은 위기의 하나는 빙하시대의 도래이다. 혹한기(酷寒期)의 식량확보가 곤란한 것은 현재의 시베리아의 겨울을 생각하면 된다.

즉, 아프리카가 시베리아로 되었던 것이다. 아프리카 태생의 인류의 선조들은 이중으로 부들부들 떨었다. 추위와 기아이다. 무언가

하지 않으면 추위와 기아로 전멸해 버린다. 뭔가 좋은 방법은 없을까 하고 눈보라 속을 헤매었음에 틀림없다. 그들이 알키디스코튼이라는 맘모스의 선조이다. 몸 높이가 4m나 되는 거대상이다.

그때까지는 이 동물을 식량으로 한다고는 생각도 하지 않았다. 하지만 먹이와 추위로 절멸 위기인 지금, 거대함을 무서워해서는 안된다. 오히려 거대한 비이프스테이크와 모피 코트가 걷고 있다고 생각했음에 틀림없다.

이것을 해치우면 식량 걱정은 2,3개월이나 하지 않는다. 긴 털로 덮은 모피는 의복이 되며, 텐트가 되기도 한다. 또한 뼈는 무기나 도구로 사용할 수 있고, 집의 기둥으로도 쓸 수 있다.

즉, 의식주 모두를 맘모스가 제공해 주는 것이다.

그래서 아프리카의 인류 전체가 일제히 맘모스를 잡는데 열광했다.

하지만 맘모스와 같이 거대한 동물은 돼지와 달라 계속해서 아이를 낳지 않는다. 상당히 번식율이 낮은 동물인 것이다. 여기에 대해 인간은 번식력은 최대효율로 1년. 매년 태어난다. 맘모스는 이것과는 맞지 않는다. 아프리카의 맘모스는 인간에게 잡혀 절멸한다.

이것이 다시 인류의 위기로, 없어져 버리면 곤란하다. 여기에는 더 없다면 어딘가 다른 장소에 없을까. 인류초의 민족 대이동이 개시된다.

아프리카에서 유럽 대륙으로 건너 유럽의 맘모스를 잡아먹고, 유럽에서 아시아 대륙, 아시아에서 북미 대륙, 북미에서 남미 대륙으로 인류가 세계 속에 생존하게 된 것은 모두 맘모스를 쫓아간 역사이다.

남미 대륙의 맨 끝까지 이미 지구상엔 한 마리의 맘모스도 남아 있지 않다는 것을 발견하기에 이른 것이다.

그리고 인류는 열심히 지혜를 짜냈다

또다시 절대절명의 대위기. 의식주의 모든 생활관련 물자를 제공해 주었던 맘모스가 전부 없어져 버린 것이다.

맘모스를 잡기 위해 모든 지혜를 짜고, 기술혁신을 반복한 결과, 이 형편에 이른 것이다.

하지만 기술혁신을 반복한 덕택으로 인간은 상당히 머리가 좋아져 있었다.

더구나 일대 위기 때에는 새로운 아이디어를 겨우 짜낸다고 하는 전통도 확립하고 있다. 필요는 발명의 어머니, 배고픔은 창조의 아버지이다.

맘모스가 없어져 발명의 어머니와 창조의 아버지는 열심히 머리를 짰다.

그 결과, 발견한 것이 맘모스는 풀을 먹고 그렇게 커지기 때문에 인간도 그 고기를 먹지 않아도 직접 풀을 먹으면 좋지 않을까 하는 독창적인 아이디어였다.

게다가 풀이 있는 곳을 찾아 다니다 보면 풀이 발견되기 전에 배가 고파 죽어 버릴지도 모른다. 그렇다면 걷지 않고 끝날 수 있도록 집 앞에 풀을 심으면 어떨까. 이것이 오늘날의 농업의 기원이 된 것이다.

이 농업을 떠올린 발상의 응용편이 목축이다. 짐승을 쫓아 돌아다니는 수고를 덜고, 집 옆에서 사육을 하면 언제라도 신선한 고기를 손에 넣고 그 김에 우유도 얻을 수 있다는 획기적인 아이디어인 것이다.

이 농업과 목축이라는 인류사상의 2대 발견은 현대라면 당장에 노벨상 100개분의 가치가 있다고 생각하는데, 이 예에서도 알 수 있듯이 대발견, 대아이디어라는 것은 인류가 정말로 절멸한다는 대위기에 존망을 받을만한 것으로 생겨난 셈이다.

즉, 역경의 발상이 인류를 구해준 것이다. 인간의 역사는 필사적으로 머리를 좋게 해온 연속이며, 이 필사적이라는 점에서는 전쟁의 역사이기도 하다. 그것은 이렇게 만화식으로 단순한 것이었겠지만, 역경이 창조를 낳은 것임에는 틀림없다는 사실이다.

원자력 발전, 텔리비전, 오토메이션 개발의 원점

나는 전쟁론을 여기에서 전개할 생각은 없기 때문에 단순히 과학기술의 면에만 초점을 두어 논하는 것인데, 기술의 발전과 혁신이라는 것을 생각하면 상당한 부분이 전쟁관련으로 개발됐다고 해도 좋다.

예를 들어 제2차 세계대전만으로 생각해 보아도 우선 최대급의 기술개발은 원자폭탄의 발명일 것이다.

실제 문제로 핵전쟁이 시작되었다고 해도, 미·소도 원자폭탄을 특정지역에 떨어뜨릴 여유가 없기 때문에 여기에서는 핵전쟁을 이야기할 시간은 없다.

이 원자 폭탄의 발명은 그 후 원자력 발전이라는 평화 목적으로도 쓰여지고, 세계 각국에서 상당한 에너지 공급원이 되고 있다는 것은 잘 아는 대로이다.

다음은 레이다 기술의 개발로, 이것도 전쟁중, 적의 전투기나 폭격기의 내습을 한시라도 빨리 잡을 수 있게 한 결과 발명된 것인데, 이 레이다 기술은 후에 텔리비전으로 발전해서 현대 생활에서 빼놓을 수 없는 시스템이 되고 있는 것은 설명할 필요도 없다.

하나만 더 들면, 고사포(高射砲)나 속사법(速射法)의 자동 사격 장치, 즉 고사포로 폭격기를 떨어뜨리려고 생각하면 겨누어 발사한 순간부터 탄이 목표에 도달하기까지 목표기가 상당한 속도로 앞으로 나아가고 있으므로 발사시에 미리 목표물이 이동할 지점에 탄을 발사할 필요가 있다.

그 복잡한 계산을 자동적으로 해버리는 것이 이 사격장치이다. 이것은 나중에 오토메이션 기구에 연결되어 현재의 로보트를 비롯하는 리모콘 오토메이션 기계의 발전으로 이어진 것이다.

이와 같이 현대사회의 근간을 지탱하고 있는 원자력 발전, 통신기술, 레이다, 거기에 오토메이션 등, 대부분의 기술개발 원정은 제 2차대전을 승리할 국가의 존망을 건 대위기에 있었던 것이다.

이 현상은 국가나 민족의 위급존망(危急存亡)의 시기 뿐만 아니라, 기업이나 개인의 생활에 있어서도 아주 같은 것이고, 대위기를 맞았을 때에 인간은 훌륭하게 머리가 좋아져서 대아이디어를 창조한다.

따라서 나는 원고청탁을 받거나 하면 '역경이야말로 창조성의 원점이다'라고 쓴다. 이것은 인간에게만 한하지 않고, 생물계 전체에 눈을 돌려도 모든 생물은 역경일 때를 빼고는 진보하지 않는다.

적절한 예는 아니지만, 에이즈 비루스에까지 발달해 버린 세균류가 그 상황을 증명한다. 인간은 약품을 개발하고, 세균은 역경에 빠진다. 하지만 역경에 의해서 더욱더 강한 세균으로 진화한다.

세균의 진보는 곤란하지만, 나는 어쨌든 역경 예찬론자(逆境禮贊論者)인 것이다.

부조(不調)의 때야말로 기회라고 생각해야 한다

역경 예찬론의 성립조건을 하나만 들어두자. 역경에 지지 않는 정신력이 없으면 안된다. 숨이 막혀 자살해 버려서는 예찬할 정도의 소동이 아니다. 그러나 인간은 대부분의 경우, 완전히 숨이 막히는 일은 거의 없다. 자살이라는 현상은 오히려 병, 병약이라는 육체적 마이너스 조건이 정신력을 파먹는 결과가 압도적으로 많다.

그러므로 이 점에서 내가 앞장에서 인간의 머리의 좋고 나쁨을 좌우하는 것은 최종적으로는 정신력이라고 한 것은 이것이며, 역경을 헤치는 정신적 힘이 없으면 인간의 머리는 거의 절대적으로 좋아지지 않는다. 그렇다고 해서 나는 정신론 주의자는 아니기 때문에 정신력에 대해서는 이 선에서 그만 둔다.

내가 여기에서 말하고 싶은 것은, 뛰어난 사람이나 평균적인 인간이라도 인생이라는 장거리 경주 동안에는 행운, 불운이 따른다, 따르지 않는다 라는 상태가 반드시 있다는 것이다.

또 예가 적당하지 않을지 모르지만, 마작을 해도 바보라도 이기는 상태가 있는 것이다. 이러한 경우, 진짜 승부사라는 것은 바보를 상대로 흥분해도 소용이 없기 때문에 흔들어 넣지 않는 방법을 강구한다.

이 흔들어 넣지 않는 방법을 생각하는 것이 마작의 기술을 진보시키는 유일한 수단이고, 행운, 불운이 붙어다니는 이상, 이 이외의 마작 필승법은 있을 수 없는 것이다.

이것은 하나의 예이고, 마작을 잘 하는 것이 머리를 좋게 하는 방법이라고는 생각하지 않기를 바란다.

그러나 인간이 어떤 상황에 직면한다는 점에서는, 인생도 마작과 같이 붙는 때는 그야말로 콧노래를 부르고 무엇을 해도 잘 되는 것으로 상황이 좋다.

이 '상태'라는 것이 심상치 않은 것으로, 본래의 어원은 음의 고조를 의미하므로 같은 옥타브를 지속시키면, 일본조자(一本調子)로 나쁘게 말하고, 파도를 너무 타면 '상태가 좋아진다'로 비난된다.

상태를 맞춘다는 것은 대단히 어려운 일인 것이다. 대개 '저 남자는 장단을 잘 맞춘다'라고 하는 것은 결코 칭찬하는 말이 아니다.

이 점으로도 알 수 있듯이, '상태가 나쁘다'인 상황이야 말로 자타가 인정하는 절호의 기회이다. 본인에게 있어서는 상태가 나쁘다고 하는 것은 불유쾌하기 짝이 없지만, 엔진상태가 나쁘다고 해서 차를 팽개치면 자동차 경주에서는 시합 포기로 된다. 상태가 나빠졌으면 재빨리 피트 인해서 나쁜 부분을 점검, 수리해 코스로 뛰어 나가는 것이다.

인간이나 차는 같다. 조금만 상태가 나빠도 그대로 냅다 빨리 달린다. 이것이 승부의 갈림길이고, 나쁜 것을 솔직히 인정하며 대책을 강구하는 쪽이 이기는 것이다. 즉, 역경이야말로 성장의 원점인 것이다.

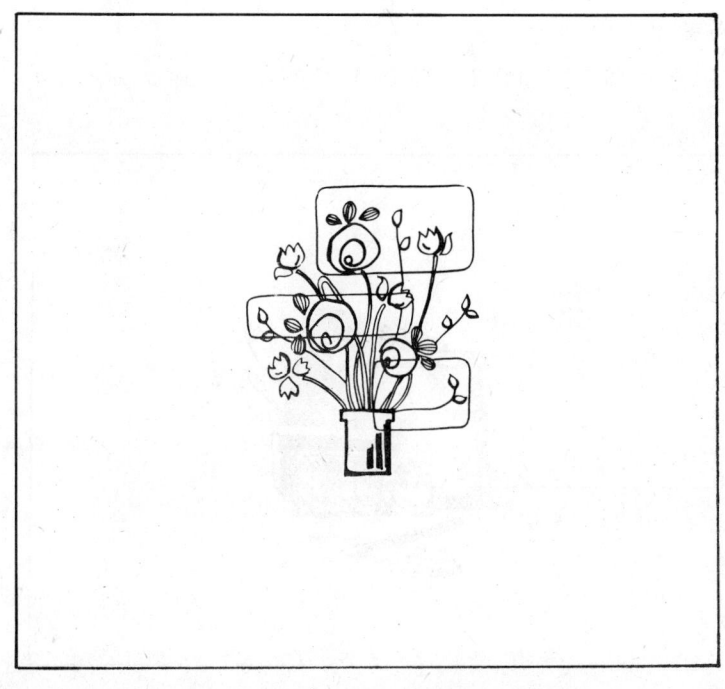

제로가 독창력을 산출해 낸다

나 자신의 체험은 벌써 몇 번이나 언급해 왔다고 생각하지만, 마지막 정리하는 의미로 복습해 보면, 먼저 K대학의 공학부 항공학과에 들어갔었는데 항공기라는 것이 대중적이 아닌 시대로, 가르쳐 주는 교수 자신이 자신의 손으로 비행기를 만든 적이 없다.

항공과의 선생이 비행기라는 것에 전혀 지식이 없기 때문이었다.

배라도 마찬가지일 것이다. 그 증거로 조선학 공부만 하였다.

조선학 공부만으로 비행기 제작회사에 들어갔으니 당치 않은 이야기다. 비행기를 설계하라는 말을 듣고 깜짝 놀랐다. 뭐 하나 비행기에 대해서는 배우지 않은 것이다. 나는 깜짝 놀란 나머지 속이 울컥 치밀어 교과서부터 모든 노트류를 넝마주의에게 싸구려로 팔 정도였다.

제로가 돼버린 것이다. 제로라는 것은 문자 그대로 제로이고,

가령 1을 곱했다고 해도 $1 \times 0 = 0$, 백을 곱해도, 1000을 곱해도 영원히 제로이다.

즉, 그때까지 축적한 것에 무언가를 더할 수 없는 것으로, 이것은 괴롭다.

부랴부랴 어떤 일이 있어도 모체(母體)가 되는 1을 만들지 않으면 영원히 죽을 때까지 제로이다. 1부터 다시 한다는 말이 있지만, 그 1을 만드는 것이 매우 어려운 일이다.

나의 경우, 그 1도 없었기 때문에 다시 한다고 해도 다시 할 수가 없어 비행기 회사에 휴직(休職)을 냈다. 급료는 받지 않아도 좋으니까 다시 한번 공부하고 싶다, 적어도 1부터 시작하고 싶다는 각오였던 것이다.

나의 제멋대로의 부탁을 회사는 들어주고 게다가 고맙게도 급료도 내주었으며, 6개월의 휴가를 받고 모교 항공 연구소라는 지금의 대학원과 같은 전문과에 다시 들어갔다. 그 항공 연구소에서 주익 윙그의 설계이론을 철저하게 공부했다.

즉, 여기에서 1을 만들 수가 있었다.

그러나 주익 이론을 공부하는 것에만 그치지 않고, 거기에 무언가를 덧붙이면 $1+1=2$가 되고, $2 \times 2 = 4$ 같은 독창적인 아이디어가 생겨난다는 것을 알았다. 현장에 강함이라는 것이다. 이렇게 나는 이론을 일단 마스터했는데, 현실적으로 비행기를 조종하는 것은 파이롯트이다. 설계자는 이론적으로 아무리 뛰어난 비행기를 만들어도 파이롯트가 안된다면 그것으로 끝이다.

나는 나의 회사의 파이롯트가 어떤 비행기를 원하는가를 철저하게 조사했다.

그리고 다음으로 국방부에 가서 실전(實戰)에 견딜 수 있는 비행기로서 파이롯트는 어떤 정찰기나 전투기를 원하고 있는가를 연구했다.

지금 생각하면 이러한 제로에서의 출발이 없었다면, 역사에 남을 수많은 비행기는 생겨나지 않았을 것이라고 생각한다. 절대절명의 위기에서 그 나름대로의 창조력을 얻은 덕택이다.

슬럼프 중에 그네를 보고 '이것이다!'

이렇게 하여 비행기 회사에 들어가서 1년인지 1년 반 동안은 괴로웠지만, 2년째부터는 괴로웠던 때에 공부한 성과가 열매를 맺어 앞에서 말했듯이 수많은 비행기의 설계로 잘 틈도 없었는데, 4,5년 지나 심한 슬럼프에 빠졌다.

전투기를 설계하든 폭격기를 설계하든 같은 형이 돼버리는 것이다. 단지 도면의 치수가 대형이 되는 것뿐이고, 기본적인 설계의 이념, 아이디어라는 것은 전혀 진보하지 않으므로 같은 형이 되어버리는 것이다. 나는 너무 괴로워 자살을 생각했다. 비행기의 설계실이 비행기의 설계를 할 수 없게 되어 버렸기 때문에 노래를 잊어버린 카나리아와 같이 버려지는 것밖에 방법이 없다. 그러면 버려지기 전에 스스로 그렇게 해버리자고 생각했던 것이다.

회사에 있어도 일이 되지 않으니까 우선이랄 것도 없지만, 회사를 쉬고 빈둥빈둥 놀기 시작했다. 정식 휴가를 얻은 것은 아니고, 회사에 있는 것이 괴로워 게으름 피워 빈둥빈둥 논 것이다.

그 때, 친구인 치과의사로부터 "이봐, 슬럼프에 빠졌을 때는 거기에서 달아나서는 안돼. 적극적으로 맞부딪치지 않으면 탈출할 수 없어."하고 충고를 받아 그럴까 하고 생각해서 정식으로 1개월의 휴가를 받았다.

정식으로 휴가를 받을 수가 없어서 나는 그 의사 친구에게 결핵의 가짜 진단서를 받고, H산 기슭의 시골티나는 여관으로 갔다.

슬럼프와 직면하자고 생각한 것이다.

당시 25,6세였던가 어쨌든 30세 전이었다. 젊은 사람이 군대에도 가지 않고 회사나 관공서에도 다니지 않으면서 시골 여관에 장기 투숙해서 매일 빈둥빈둥 소나무 숲 속을 걷고 있었다.

시골 사람들은 틀림없이 자살 지원자로 잘못 알고 있었을 것이다. 어느 날 밤, 주재소에서 순경이 여관의 내 방을 방문해 신상에서부터 여행 목적까지 꼬치꼬치 캐물었다.

그리고 동시에 소방단 회의를 열어 내가 소나무에 새끼줄을 걸면 즉각 달려들어 꼼짝 못하게 하든가, 만약 달려드는 것이 늦었으면 인공호흡을 하기 위해 구급대를 조직한다든가 하고 난리법석이었다고 한다.

나는 꿈에도 그런 것은 모르기 때문에 여관을 훌쩍 나가 마을 공터에 가서 멍하니 그네를 바라보고 있었다.

2대의 그네가 나란히 있고, 2명의 아이가 그 그네를 타고 있었다. 한 명은 대 위에 서서 열심히 흔들고, 또 한 명은 대 위에 앉아서 책을 읽고 있었다.

나는 아무 느낌없이 보고 있었는데, 2대의 그네는 당연히 하나의 횡봉(橫棒)밑에 매달리고 있다. 그 관계에서 한 명이 그네를 흔들면 다른 사람은 흔들지 않아도 흔들지 않은 쪽의 그네도 흔들리는 것이다. 게다가 반대방향으로 흔들린다.

나는 순간 앗 하고 생각없이 일어났다.

비행기 조종 시스템에 획기적인 개량을 할 수 있지 않을까하고 짐작한 것이었다.

발명품은 이렇게 해서 생겨났다

조금 번잡하지만, 비행기의 조종 시스템에 대해서 말하면 비행기를 조종하기 위해서는 세 가지 키가 있다.

상승, 하강을 위한 '승강키', 좌우로 진로를 잡기 위한 '방향키', 거기에 '보조익'이다. 이 세 가지 키에 의해 비행기를 조종하는데, 실제로는 승강키와 방향키가 있으면 그것으로 되는데 비행기의 키를 좌우방향으로 잡는다고 하면, 뱅크라고 해서 아무리해도 키를 잡은 방향으로 기울어 버린다. 그 뱅크를 보조익에 의해 수정하지 않으면 안된다. 문제는 방향을 틈과 동시에 뱅크가 발상해 버리는 것으로, 기수(機首)를 일정방향으로 향하게 해두는 것이 상당히 곤란할 것이다.

예를 들어 적기를 기관포로 사격하기 위해서는 기수를 일정방향, 즉 적기로 향하게 해두는 것이 필요한데, 뱅크가 발생해 버리기 때문에 실제로는 상당히 어렵다. 내가 2개의 그네의 움직임을 보고 알아 차린 것은 이 방향키와 뱅크의 관계이다. 그 2대의 그네는 하나의 횡봉에 연결되어 있기 때문에 반대방향으로 흔들리는 힘 관계가 생긴다.

비행기의 방향키와 뱅크의 관계도 같지 않을까.

즉, 수직미익(垂直尾翼 ; 방향키가 있다)이 있으면 수평미익 및 주익이 한 대의 봉인 동체(胴體)에서 연결되어 있으므로 방향키를 트는 것에 따라 뱅크가 생겨 버린다. 그러면 수직미익과 수평미익, 주익을 가능한 한 떼어 버리면 좋지 않을까. 2대의 그네를 각각의 봉으로 독립시켜 버리듯이.

나는 쏜살같이 회사로 돌아와 설계에 착수했다. 그리고 완성된 설계의 비행기는 아주 기묘한 형태가 되었다. 보통의 비행기라면 수직미익과 수평미익은 같은 곳에 붙어 있는데, 이번에 설계한 비행기는 수평미익이 훨씬 앞쪽에 있고, 수평미익은 훨씬 뒤에 있다. 그리고 주익의 길이가 매우 짧다.

알기 쉽게 말하면 나중의 제트 전투기는 조종성을 높이기 위해 삼각익을 채용하게 되었는데, 나의 새로운 설계 이론도 그것과 같다. 주익을 짧게 하고, 수평미익을 주익에 접근시켜 붙이는 것이다. 말하자면 삼각익의 원리를 선취(先取)한 셈인 것이다. 이것이 내 발명품의 탄생이다.

이 설계라면 기관포의 탄이 1곳에 집중할 수 있을 것이라고 확신한 것이다.

역경이야말로 머리를 좋게 하는 최고의 학교

앞에서도 말했듯이, 불행하게도 이 전투기는 대량 생산되지 못했지만 , 당시의 세계 최우수기로 이름 높았던 독일의 메샤슈미트 109와 실전 테스트한 결과, 상승력과 화력, 스피드, 거기에 탄도 집중율(彈道集中率)에 있어서 모두 윗돌았던 것이다.

나 자신도 자신의 최고걸작이라고 자부하고 있는데, 여기에서 말하고 싶은 것은 최고의 작품이 생긴 것은, 최대의 슬럼프가 있었기 때문이라는 것이고, 성능 운운이 목적은 아니다.

훨씬 나중에 배구의 전 국가대표 감독인 S씨와 이야기할 기회가 있었는데, 그는 명선수라고 불리게 된 사람은 모두 커다란 슬럼프가 있었고, 그 어려움 속에서 시간차 공격이든지 A퀵이나 B퀵을 생각해 내고 그것을 몸에 익혔다고 말하였다.

나도 로케트 연구나 조직공학 연구소의 일로 대부분의 경영자와 접할 기회를 갖게 되는데, 내가 감탄한 훌륭한 경영자의 경력을 보면 대부분의 사람은 소년시절에 가출을 했었다든지, 회사를 사직해 10년 간 생활이 극히 어려웠다든지 등 굉장한 역경을 경험하고 있었다.

제로는 커녕 올(all) 마이너스의 지점에서 출발한 셈이다. 여기에서 배워야 할 것은 '없다'는 것을 탓해서는 안된다는 것이다. 학력이 '없다'고 탓해서는 안된다는 것이다. 학력이 없다, 지위가 없다, 연줄이 없다, 돈이 없다 등등 '없다'고 탓해서는 안된다.

진정한 역경을 경험하지 않은 사람에게 신은 진짜 머리 좋음은 주지 않는다. 역경이야말로 머리를 좋게 하는 최대의 원점이고, 최고의 학력이기 때문이다.

머리를 좋게 하는 증명 '스키너 이론'

마지막으로 스키너 이론이라는 것을 소개하고 결말을 짓고 싶다.

미국의 행동과학자 B · F · 스키너라는 사람이 인간을 100명 모으고 이것을 50명씩 2개의 그룹으로 나누어 각각 생활환경을 변화시켜 보는 실험을 한 적이 있다. 한쪽의 그룹 50명에게는 자유스런 생활을 하게 한다.

예를 들어 회사에 가고 싶지 않으면 골프나 놀음 등 좋아하는 것을 멋대로 하게 한다. 골프장까지의 버스도 대기해준다. 배가 고파 돌아오면 비프스테이크나 장어회 등 무엇이나 먹게 하고 사우나, 목욕, 마사지에 잠들게까지 한다.

다른 한쪽의 그룹 50명에게는 극히 보통의 일상생활을 하게 한다. 비가 와도 회사에 가고, 상사의 잔소리를 듣게 하며, 비프 스테이크가 먹고 싶다고 생각해도 라면을 먹는 아주 평범한 생활을 하게 했다.

이렇게 해서 6개월 간을 경과하면 어떻게 될까. 전자의 좋아하는 것을 멋대로 취하고 먹은 그룹은 낮이나 밤이나 자기만 했다고 한다. 밤에 실컷 자기 때문에 낮엔 일어나 있겠지 하고 생각하지만, 낮에도 꾸벅꾸벅 졸기만 한다는 것이다.

24시간 자기만 한다는 것은 생각하는 능력이 제로가 됐다는 것으로, 더 이상 머리가 나쁜 상태는 없다.

즉, 여기에서 알 수 있는 것은, 머리 나쁜 사람을 만드는 데는 역경이라는 것을 전부 없애고, 즐겁게만 해주면 되는 것인데 그것은 일종의 안락사(安樂死)이다.

이 결론이 본서 마지막의 완전한 역전으로, 머리를 좋게 하는 편안한 방법은 없다는 것이다. 백 권의 책을 읽어도 어떤 훌륭한 선생을 만나도, 촉성 재배로 머리를 개량할 수는 없다.

절대절명의 위기야말로 다음의 비약에로의 스텝인 것이다. 역경이야말로 머리를 좋게 하는 최고의 장(場)인 것이다.

우리의 현상은 모두 역경에 빠진 것과 같은 상황인데, 이것이야말로 내가 바라고 있던 것으로, 우리 민족이 진정한 의미에서 독창력을 발휘하고, 진짜 머리가 좋아지는 절호의 기회인 것이다.

우리나라 사람이 머리가 좋아지는 것은, 바로 지금부터가 진짜이다.

후 기

　이 책의 서두에서 말했듯이, 지금까지 머리를 좋게 하는 방법의 이것저것을 선천적인 요인은 일체 빼고 생각해 왔는데, 그러면 최종적으로 후천적으로 한 번에 머리를 개량할 수는 없는 것일까 하는 발상에 도달해도 무리는 아니다.

　즉, 머리가 좋아지는 약이라는 것이 있을지 없을지 하는 문제로, 현재 없다면 가까운 장래에 개발될 가능성이 있는 것인지 하는 것이다. 1987년 4월 30일호의 뉴스 위크지에 흥미 깊은 리포트가 실려 있었다.

　최근 우리나라에서도 청소년 문제가 사회적인 문제가 되고 있지만, 미국에 있어서도 역시 청소년의 학교생활 부적응 증후군같은 현상이 현저해지고 있다.

　그 증후군의 대표적인 것은 'ADD'라고 해서, 집중력이 심하게 결여되어 버리기 때문에 자신의 주위에 일어나는 현상에 지나친 반응을 나타내고, 그 결과, 항상 활동 과다로 빠져 버린다는 정신병리학적(精神病理學的)인 증상이다.

　알기 쉽게 말하면, 약한 개가 언제나 무서워서 부들부들 떨어 개구리 한 마리가 와도 미친 듯이 짖어대는 것과 같은 현상이다.

　늘 주위 상황에 과잉반응을 나타내기 때문에 집중력이 나올 수가 없다.

　선생의 강의에 귀를 기울이거나 혹은 참고서나 교과서에 정신을 집중시키는 것 등, 아무리 해도 무리이고, 필연적으로 학력이 떨어져 버린다.

부모가 마법의 약으로 어찌할 도리가 없는 아이를 조용하게 만들 수는 없을까 하고 생각하는 것도 무리는 아니다.

뉴스 위크의 리포트는 이 마법의 약이 실제로 대량 쓰여지고 있다는 놀라운 내용이었다.

죠지아주 아틀란트시 교외의 어느 학교에서는 문제가 있는 아이에겐 약을 먹이자, 라고 하여 부모에 대해 강제적으로 압력을 가하고 있었다. 그 약은 리탈린이라는 강력한 정신안정제의 일종인 것 같은데, 이 성분에 의문을 갖은 마약취제관이 조사해 보니, 뉴욕주에서 쓰여지고 있는 3배 가까운 양의 리탈린이 죠지아주에 흘러들어가 있고, 또한 우편번호로 추적해서 그 아틀란트 교외의 어느 약국에 겨우 도착해서 조사했더니, 그 약국은 매상의 45%가 리탈린 판매에 의해 점유되어 있다는 것을 알았다.

정말 두려울 만큼의 양의 약품이 쓰여지고 있는 것이고, 리포트는 분명히 중독환자가 발생하는 것은 이상하지 않은 상황이라고 지적하고 있다.

실제로 ADD에는 효과가 있었던 것인가. 이 약의 부작용에 의해 불면증, 식욕부진, 토기(吐氣)에 의한 체중감소 등으로 시달리는 아이도 급증해 있고, 집중력이 오른다는 이야기는 없으며 학력의 저하, 노이로제가 되어 자살한 아이까지도 나온다고 한다.

현재 약물 투여의 책임을 학교측과 부형측이 서로에게 전가시키고 있다는 것이다. 내가 이와 같은 예를 끄집어 낸 것은, 결국 제약회사가 정신 안정제의 범위를 초과해 성격 개조적인 분야까지 진출해 버리면 나중엔 두뇌 개량, 즉 머리가 좋아지는 약의 개발에까지 필연적으로 도달하는 것이 아닐까 하고 생각하기 때문이다.

즉, 타락을 약을 가지고 치료할 수 있으면 반대로 수재(秀才)를 약으로 만들 수는 없을까 하는 발상이 나오는 것은 당연한 것이다. 결론부터 말하면, 나는 지금의 경우 우선 무리라고 생각한다. 또한 10년 후에도 거의 절대적으로 그러한 약은 개발할 수 없다.

하지만 동물 실험 단계에서는 이 뇌(腦) 개량의 연구가 꽤 진전되기 시작한다는 것이다.

예를 들어 쥐를 이용한 실험에서 조건반사 이론으로 먹이를 먹는 방법을 학습시킨 뇌를 꺼내 그것을 갈아 으깨서 전혀 학습하지 않은 것에게 먹게 한 경우, 정확히 먹이를 먹는 법을 알 수 있다는 믿기 어려운 통계도 있는 것이다.

이것을 단락적으로 생각하면, 상당히 머리가 좋은 사람이 죽으면 가능한 한 빨리 뇌를 꺼내 잘게 으깨서 머리 나쁜 사람에게 먹이면 좋아진다는 것이 되지만, 쥐의 뇌세포와 인간의 뇌세포를 함께 취급하는 것은 비과학적일 뿐만 아니라, SF소설을 앞질러 괴상소설의 세계가 되어 버리기 때문에 더이상 언급하지 않겠다.

요컨대 쥐의 실험이 시사하는 것은 약물에 의해 뇌의 움직임이 어떻게 변화하는가 라는 것이라고 생각한다. 즉, 뇌골을 먹고, 그 뇌세포의 기억 유전자가 그대로 뇌에 영향을 줄 리는 없기 때문에 만약 무언가의 움직임이 보여졌다고 하면, 그 원인은 효소(酵素) 관계의 무언가가 작용했다고 생각하는 것이 바르다.

이 문제에 대해 더욱 흥미가 있는 사람은 내가 감역(監譯)한 「휴먼 브레인」을 참조하기 바라지만, 이 바이오 과학 기술에 의한 뇌의 개량이라는 것에 관해 결론만을 말하면, 최초로 샘플을 나타낸 미국 아이의 경우에서도 알 수 있듯이, 먼 장래에는 어느 정도 가능할지도 모르지만, 현 단계에서는 약품을 주어 머리를 좋게 하는 것은 그로 인한 생태(生態)메카니즘의 파괴쪽이 훨씬 두렵다는

216

것만을 지적해 두는 것으로 그치겠다.

본서에서는 후천적인 두뇌 개량법의 연구를 해왔기 때문에 다소 노파심적이었는지 모르지만, 후천적인 구극약(究極薬)이라는 것으로 언급했다. 거듭 말하면 인공 두뇌, 제5세대의 콤퓨터에 대해서도 말하고 싶지만, 다음 기회로 돌리지 않을 수 없다. 본론으로 돌아가서 말하면, 770회라는 기록을 남기고 〈지붕 위의 바이올린 켬〉을 마친 무대에서 작가는 이렇게 인사하였다.

"오늘도 따뜻한 많은 박수를 보내 주셔서 감사합니다. 이 박수가 나의 예술을 키워준 영양제이고, 비료였습니다. 나는 여러분의 성원과 박수에 힘입어 배우로서 지금까지 성장하였습니다."

꽃을 피우기 위해서는 물과 빛과 비료가 필요한 것과 같이 인간의 재능을 키우는 영양(榮養)은 주위 사람들의 따뜻한 성원과 박수라고 그 분은 말하고 있는 것이다.

우리들이 스스로 노력해서 머리를 좋게 하는 것도 물론 중요하지만, 몇 번이나 말해 왔듯이 머리가 좋다는 것은 상대적인 것이다. 그렇다면, '머리가 좋은 사람'을 만들기 위한 최대의 '약'으로서 이 방법을 활용해야 하는 것이 아닐까.

```
┌─ ─ ─ ─ ─┐
│ 판   권 │
│ 본 사 │
│ 소   유 │
└─ ─ ─ ─ ─┘
```

천재두뇌 양성법 　현대성공학시리즈

2000년 9월 5일 재판 인쇄
2000년 9월 15일 재판 발행

지은이/ 糸 川 英 夫
옮긴이/ 엄 　 기 　 환
펴낸이/ 최 　 상 　 일

펴낸곳/ 태 을 출 판 사
서울특별시 강남구 도곡동 959-19
등록/ 1973년 1월10일(제4-10호)

©1999, TAE-EUL publishing Co., printed in Korea
잘못된 책은 구입하신 곳에서 교환해 드립니다.

■주문 및 연락처
우편번호 ⑴ ⓪ ⓪ -④⑤⑥
서울특별시 중구 신당6동 52-107(동아빌딩 내)
전화/2237-5577 팩스/2233-6166
ISBN 89-493-0123-7 　 03170